JN000126

ファーストライブは
きっとラストライブになる

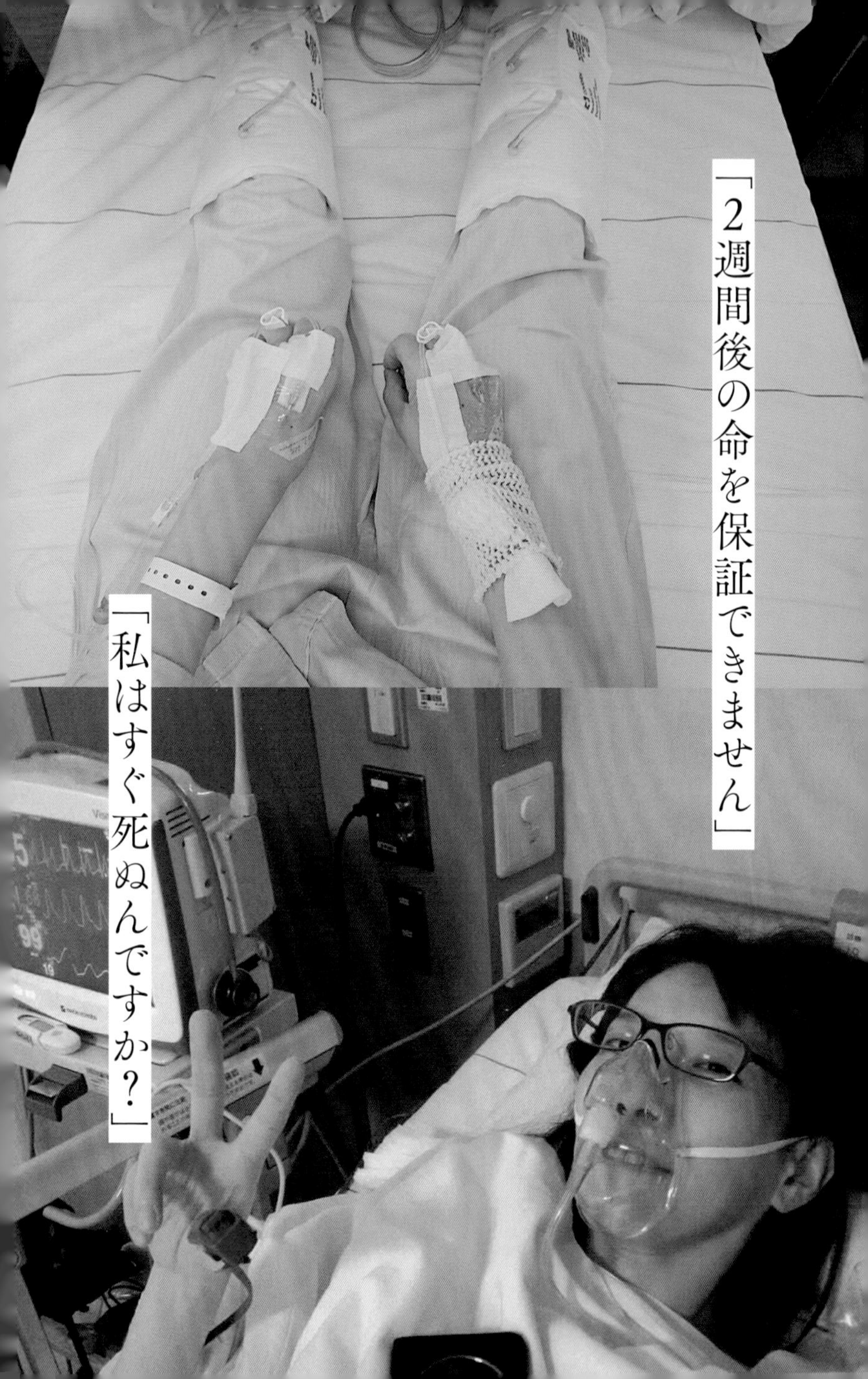

「2週間後の命を保証できません」

「私はすぐ死ぬんですか?」

「父さんは、
本物の父さんか？」

現実か妄想か……
そうだ、「チェキ」を撮ろう

「病室にアバターみたいな
青色の人たちが見える……」

逃走、脱走、
襲撃、死亡説
いろいろ
あったけど
今日も
元気です

後藤邑子

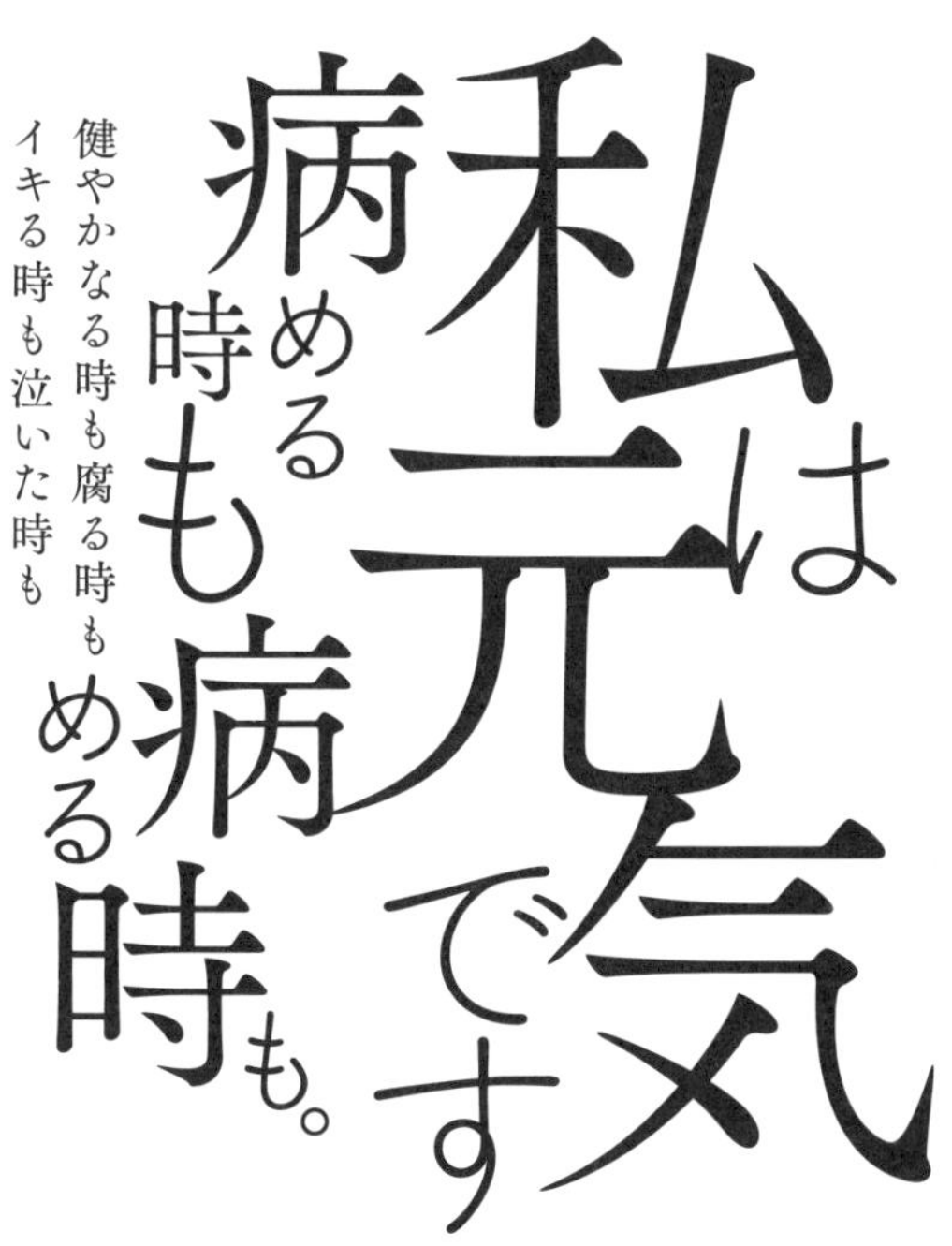

文藝春秋

私は元気です
病める時も健やかなる時も腐る時も
イキる時も泣いた時も病める時も。

後藤邑子

contents

装丁・デザイン　西垂水 敦・市川さつき(krran)
DTP　茂呂田 剛(エムアンドケイ)

表紙写真撮影　鈴木七絵
編集・取材協力　加山竜司
スタイリング　MORIYA

プロローグ

「明日、朝から仕事なんですけど、何時頃に帰れそうですか？」

「帰れないと思いますよ」

2012年春、検査で訪れた病院での看護師さんとの会話。全身を何かしらの管に繋がれながら、「あれ？」と思った記憶があります。

たしかマネージャーたちは「仕事は続けられますから、いったん、とりあえず検査を受けましょう」と、しぶる私を3人がかりで病院に運びこんだはず。


私には持病がありました。さらに持病以外の病気も発症している可能性があると、長年お世話になっていた主治医に精密検査を勧められていました。定期検査のたびに精密検査を勧められるのが嫌になり通院をやめました。だって、絶対に悪い結果が出る。そう予測できるくらいには自覚症状がありました。悪い結果が出たら仕事をやめなきゃいけなくなる。だったら結果を出さなければいい。

当時、私がかかっていた民間療法を提唱する医師は、この体調不良を「強い薬を使い続けて身体に毒が溜まっているせいだ」と言いました。今の辛さは、

「毒が排出されている一過性の辛さ」だと。なるほど、そうに違いない。だってこの薬が毒だというなら私は20年以上使い続けているのだから。

私は、持病があることも、通院をやめたことも、民間療法に頼っていることも、所属事務所に隠していました。

でも目に見える症状が出てきます。帯状疱疹が広がり、着られる衣装が限られました。身体がむくんで靴が履けなくなりました。立ったり座ったりするのに介助を要するようになり、収録はひとりきりでやらせてもらうようになりました。

そのうち横になると溺れているように息苦しくなり、座った状態じゃないと眠れなくなりました。

見かねたマネージャーたちに病院に担ぎ込まれた私は、そのまま冒頭のような流れで入院することになったのです。

当時、私には『ひだまりスケッチ』や『涼宮ハルヒの憂鬱』といった長く関わっている作品やラジオ番組がありましたし、発売日や放送日が決まり、出演が発表された作品やゲームも、新しく始まったばかりのラジオ番組もありました。「明日も朝から仕事」するつもりだった私は、「いったん」訪れたその病院で、結局約1年暮らすことになりました。

当時を知っている方もいらっしゃるかもしれませんが、こうして私は２０１２年5月に、仕事を一挙に降板。突然の休養を発表することになりました。

たくさんの降板ニュースが話題になり、ネット上にすぐに広まった「後藤邑子死亡説」に「気が早いだろう！」とひとり叫んで、ちょっと笑えました。

身体中になんらかの管が繋がれ、身動きもとれない状態でネットの噂に全力でツッコんだ自分に呆れたのです。こんな時でも噛みつくことだけは忘れないいんだから。

ただ、この「後藤邑子死亡説」は後に笑い話ですまなくなります。

このあと私は、人生で2度目の余命宣告を受けることになるのです。

この本は、私が病める時も健やかなる時も腐る時もイキる時も泣いた時も病める時も、なんだかんだ元気だったという記録です。

第1章

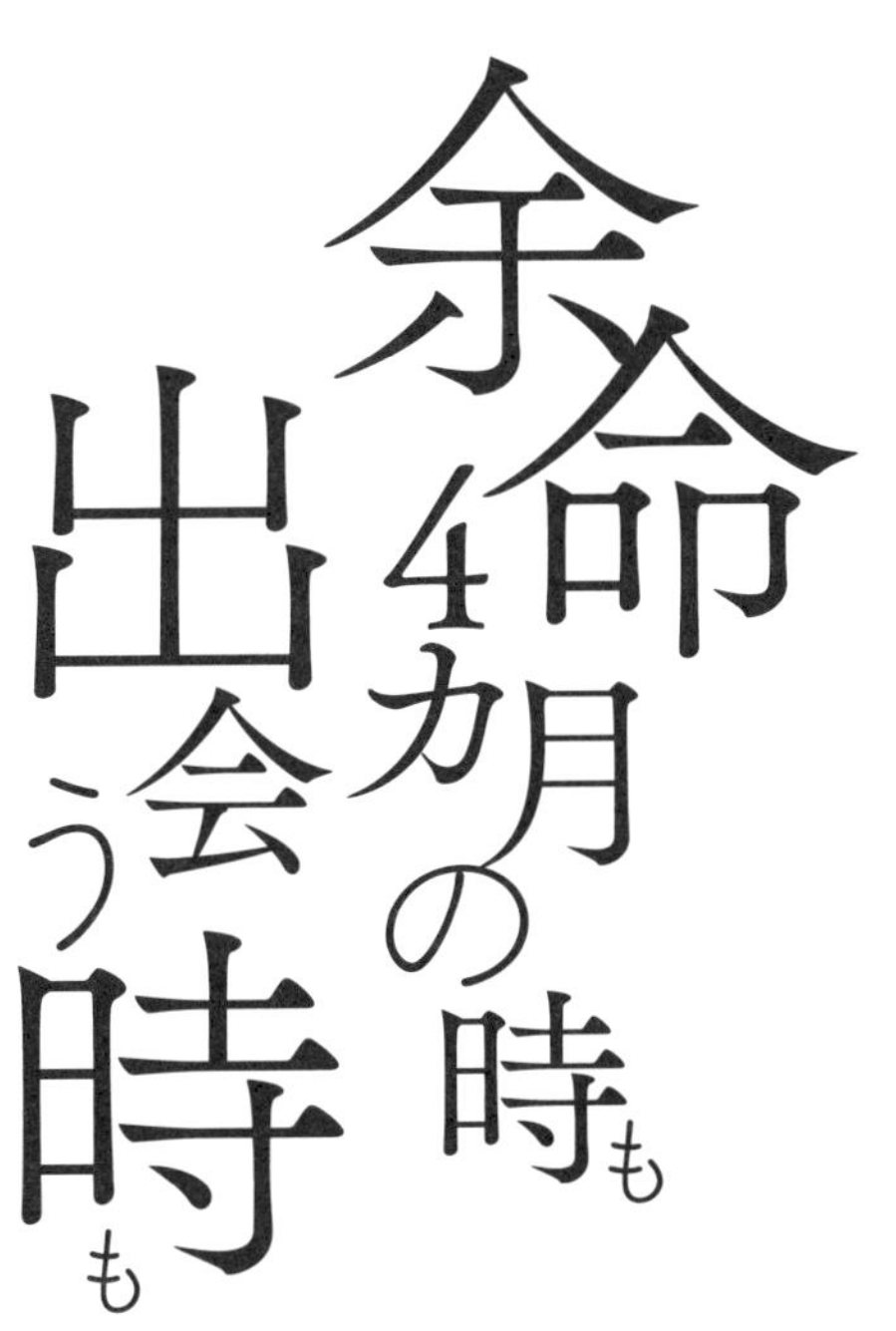

病める時も

忍法「ムササビの術」は禁止

2度の余命宣告というと穏やかじゃないですが、私は身体が弱かったわけではありません。むしろ健康優良児、野生児のような子どもでした。

私が育ったのは、愛知県と岐阜県の境の、木曽川の流れているあたりです。町内にお店はほとんどなく、公園などの施設も少なかったので、子どもたちの遊び場といえば、どれだけ大人たちに注意されようとも木曽川でした。木曽川の河川敷と川沿いの雑木林を真っ黒に日焼けして駆け回っていた私は、活発な子どもだったと思います。

川べりには誰のものでもない土地がたくさんありました。林で虫や蛇を捕まえ、木の実を採って食べました。やまもも、あけびが多かったです。あけびは木にツルを巻き付けて生長します。大人たちが下のほうの実を採りきってしまうので、私たち子どもは木に登り、誰も手をつけていない高い位置の実を食べました。必然、木登りは得意になりました。かけっこが速いことと木登りがうまいこと、虫や蛇や魚を捕まえるのがうまいことがステイタスでした。木に登ると、高い建物なんてひとつもない町の遠くまで見渡せます。川を渡る風を浴びるのが気持ちよく、その土地の王者にでもなった気分でした。

かけっこと木登りと虫や蛇を捕ることが得意でした。蛇に噛まれた時は無理に引っ張って取ろうとせず、むしろ蛇を自分に押しつけて口を開かせるほうが安全です。参考になれば幸いです。

ラジオやブログでネタにしてきたので知る人ぞ知る、悪夢に出てきそうな「パンダ」。絶対目を合わせないようにしている私ですが、後に予想もしない形で〝再会〟することに……(くわしくは4章で)。

アニメ『忍者ハットリくん』が流行った時には、忍法「ムササビの術」を近所の子どもたちと真似しました。おのおの風呂敷を持ち寄り、滑り台の上から飛び降りるのです。私たちにとっては滑り台など大した高さではなかった。でも、誰も飛べないんです。順番待ちの間に、私は「みんなが飛べないのは、怖がって手足を思いきり広げないからだ」と確信していました。「手足を伸ばすからこそ、広がった布が風をはらんで、こう、ふわっと、ゆっくり落ちるのだ」と。正しく言葉にできないまでも、アニメーションから揚力の理論を感じ取っていたのです。その信念のもと、両手足を思い切り伸ばして滑り台の上から飛んだ私はノーガードの状態で墜落しました。のちに町内会でムササビの術が禁止されたのは、私が後頭部を縫ったこの件も一因だったのでしょうか。

ほかにも秘孔を突くことと、パロ・スペシャルも禁止されました。知らない人は検索してみてください。アニメってよくも悪くも影響力がすごいのです。

小学校高学年になると、男子はソフトボール、女子はドッジボール、それぞれの地域のチームに入り、町内大会に参加する慣習がありました。チームの名前は好きに決めてよかったので、私たちは「ホワイトエンジェルス」にしました。監督は持ち回りで誰かのお父さんがやってくれます。監督のタイプにもよるんでしょうが、エンジェルの名を冠した私たちは「おらぁあー！」「やったるぞコラァアー！」とエンジェル風味皆無で勝ち進みました。応援する保護者たちがすでに「いったれコラァアー！」「相手びびってんぞおぉーー！」的な声援を送ってくるので、これはしかたない。タチの悪いエンジェル軍はいいところまで勝ち進んだ記憶です。

そういえば私、試合前に、円陣を組んで号令をかける一番花形の場面で、「邑子の声だと力が抜ける」という理由で、号令を外されました。

声優になってから、これは幾度となく言われた言葉です。「後藤の声って人を脱力させるよね」と。声に何かしらの特性があるのは声優としてはうれしいことです。でも当時は、ただただ、号令外されたー！　皆が笑ってるー！　ひどいー！と落ち込みました。微笑ましくも、ほろ苦い思い出です。

ちなみに同じ地域の男子ソフトボールチームは「デビルファイヤーズ」というアホ丸出しのチーム名をつけて1回戦で敗退しました。

異変

中学ではバレーボール部でした。バレーボールが特別好きだったわけではありません。生徒全員が運動部に入るのが学校の規則でした。その中で「もっとも楽」と聞いた水泳部を希望したのですが、同じ情報を得た入部希望者が殺到したため入部可否のくじ引きが行われ、敗れたメンバーは、唯一、定員割れしていた「もっとも厳しい」と噂のバレーボール部に入ることになったのです。

私の中学はバレーボールの強豪校で、練習は厳しかったです。顧問は何かにつけて生徒を殴りました。今だったら問題になるんでしょうが、当時の風潮では運動部での体罰は当たり前。〝熱血指導〟や〝愛のムチ〟なんて言葉があったくらいです。

殴られて鼻血を出すと「端っこに座っとけ」と休まされ、止血すると、またコートに戻ります。私たちは「鼻血さえ出せば少し休めるぞ」なんて話していたくらいですから、よほど殴られ慣れていたんでしょう。

ただ、当たり前と認識はしていても、嫌じゃなかったわけじゃ、もちろんないんですよ。ある日、顧問の娘さんが在籍している他校のバレー部との練習試合がありました。私たちは最初から勝敗そっちのけで、彼女だけに集中攻撃を浴びせました。「あいつだけ潰せ」と顧問に聞こえないように囁きあいました。これが〝愛のムチ〟の結果です。〝愛のムチ〟〝熱血指導〟どんな名前で呼ぼうとも、暴力は暴力しか生まないのです。至言。

追伸、何の罪もない娘さん、本当にごめんなさい。

異変が起きたのは、中学3年生の春でした。

往復ビンタでなく、1発目のビンタですぐに鼻血が出るようになったんです。鼻の中が傷つくのを繰り返すとこうなる、と保健の先生が言いました。

でも問題はその後です。鼻血が出たあと、血が止まるまですごく時間がかかるようになりました。2時間経っても止まらなかったりして、部活の間中、座って止血しているだけの日もありました。さすがに顧問も私だけは殴らなくなりました。

思えば、これが病気に気づくきっかけにもなっていくんですから、嫌いだった〝愛のムチ〟に、ほんのちょっとは感謝の気持ちも湧きますね。いま心にもないことを書きました。

自分でも「これはヤバい」と感じたのは、ある朝のことでした。通学前に鼻血を出し、「止まったら学校に行こう」と思っていたのですが、3時間経っても4時間経っても、いっこうに止まらないんです。町のクリニックで診てもらったら、大きな病院に紹介状を書かれ、検査されることになりました。

「特発性血小板減少性紫斑病」。それが私の病名です。

――免疫というのは、本来は外から入ってきたウイルスなどの外敵と戦うものだけど、それが自分の身体の細胞を攻撃してしまい、血小板をやっつけちゃう。血小板が少なくなっているから血が止まらないんだよ――。

医師からそう説明されて納得したものの、聞いたこともない病名だったので、それが命に関わるような難病とは思いもしませんでした。

そして、検査を受けたその日から、私の最初の入院生活が始まりました。

〰 高校生になるのは、あきらめてほしい

私の病室は、とても広くて豪華な個室でした。

夜になると、父、母、祖母、妹の一家全員がお見舞いに来て、持ってきた夕食を家族そろって食べます。毎晩です。ときには、お寿司屋さんで握ってもらったような、特上のお寿司を持ち込むこともありました。私は三食の病院食とは別に、そのごちそうを食べることになります。あきらかにカロリー過多でしたが、どれだけ食べてもお腹は減るし、入院中は食事くらいしか楽しみがなかったので、家族が来るのを心待ち

にするようになっていました。

「みんな大げさだなぁ」

それが私の素直な感想でした。

最初の1週間は、病院内の見るものすべてが珍しく、社会見学にでも来たような気分です。「あしたのごはんは何だろう」とか「パンのジャムはどの種類だろう」とか、のんきに過ごしていました。血が止まらない症状が治れば、すぐにでも日常に戻れるだろうと。いつ退院してもいいように学校の教科書を何度も読み返したりしていました。

「2学期には間に合いますか？　夏休みいっぱい入院したら、復学できますか？」

私が主治医にそう尋ねると、

「それは……、ちょっとできないと思います」

そんなふうに言葉を濁されました。

「でも、中3なので、受験もあるので……」

と私が食い下がると、

「ちょっと高校生になるのは、あきらめてもらうしかない」

そう告げられました。

私は言葉の正確な意図が理解できず、「高校受験もできないくらいに長期入院になるのか」と受け止めました。思っていたよりもすごく長い時間、私は日常に戻れないんだと。ショックで、ふてくされました。

血小板が少ないと説明を受けても、血が止まりにくいこと以外に自覚できる症状はありません。バレーボールに打ち込んでいた頃と、体感的には何も変わりません。痛みや苦しみはないのに、家族以外は面会謝絶。遊びたいさかりの中学3年生にとって、友だちに会うこともできず、病室でじっとしているのは退屈でしかたありません。しかもその時間が想像以上に長くなると知ったら、余計に不満が募ります。

幸い、部屋には電話がありました。学校の友だちとも電話で話すことができました。友だちとの他愛ないおしゃべりは、入院生活の楽しみでした。「鼻血が出やすかったのは、やっぱりよくなかったみたいだよ」とか「血小板っていうやつが少なくなっちゃってたみたい」と伝えましたが、どれほどたいへんな病気なのか自分でも理解できていなかったので、「お見舞いに行くよ」の申し出を断ることは心苦しかったです。

ある日、電話で友だちが「病室の真下まで行くよ。窓から顔見るだけならいいでしょ」と言ってくれました。友人たちが、病院の駐車場まで来て、病室の窓から見える位置で手を振ってくれているのを見た時はうれしくてたまらなかったです。

しました。

「せっかく来てくれたんだし、ちょっとくらい……」と、軽い気持ちで病室を抜け出

久しぶりに友人たちと会い、対面でおしゃべりできたことは、本当に楽しかったです。でも、そこを看護師に見られていました。その夜、いつものように病室に来た父は、今まで見たことがないほど激高し、私の腕をつかんで怒鳴りました。

「君はもうすぐ死んじゃうんだぞ！」

……え？

父の言葉は衝撃的なものでした。

とうてい信じられないような言葉でしたが、初めて見た父の様子に、その言葉がそのままの意味を持つのだと理解しました。

終わりを待つ長い夜

私の両親は市内で教師をしていました。また母方の祖父は、私も朗読イベントでお邪魔したことのある富山県の五箇庄小学校で教頭をしていたそうです。曽祖父が何代か前の校長で、この小学校は２０１２年に廃校になったのですが、最後の校長は母

の従兄弟でした。親族に教員の多い、典型的な教員家系です。

我が家の教育方針は徹底されていました。朝のBGMは、NHK-FMの『あさのバロック』（現在の『古楽の楽しみ』）。基本的にテレビは観せてもらえません。マンガとゲームも禁止。同級生みんなが観ている人気のバラエティ番組なんて、泣いて頼んでも観せてもらえませんでした。20〜30回くらい嗚咽しながら頼んだ記憶があります。

そんな家庭でしたから、町内にある私の学校の〝熱血指導〟教師たちとは異なり、父は声を荒らげることも、暴力を振るうこともありませんでした。私たち姉妹を叱る時は、「そこに座りなさい」で始まり「どうして、君は……」と穏やかに問い詰めます。

そんな父の、こんな声を私は初めて聞いたのです。だんだん、自分の身に起きていることが、どれほどのレベルのことなのかが飲み込めてきました。実際、主治医が言った「高校生になるのは、あきらめてもらうしかない」という言葉は、「高校受験もできないくらいに長期入院になる」という意味ではありませんでした。

両親は「夏休みいっぱいだろう」と告げられていたそうです。私には大量のステロイドが投与され、その副作用で身体の抵抗力が低下しているので、感染症の予防のために家族以外は面会謝絶になっていました。本来であれば、無菌室に入れられるレベルの薬の量だったそうです。

本新聞　2011年（平成23年）11月12日　土曜

ナレーションに挑戦

来春閉校の五箇庄小　講師に人気声優招く

来年3月で閉校する朝日町五箇庄小学校で11日、人気アニメの声優を招いた特別授業が行われた。児童が朗読劇やナレーションに挑戦し、声優の仕事に理解を深めた。【webunに写真3枚】

矢島さん（右）と後藤さん（同2人目）に見守られ、朗読劇に挑戦する児童

「夢先生　声優に挑戦」と題して閉校記念事業実行委とPTAが企画し、全校児童103人と保護者らが参加。アニメや映画、CMなどで活躍する矢島晶子さん（東京）と後藤邑子さん（同）が講師を務めた。後藤さんの曽祖父が同校校長、祖父が教頭だった縁などから来校した。

児童は講師のアドバイスを受けながら、2年の国語教材「お手紙」の朗読劇に挑戦。希望者が4人ずつ役割分担し、ガマガエルやカタツムリなどになりきって物語を読み進めた。同校の128年の歩みを振り返るスライドショーでは、児童9人が写真と音楽に合わせてナレーションを担当。「ありがとう　さよ
なら　大好きな五箇庄小
校」などと情感豊かに表
した。

講師による「もぐらのほ
た深い井戸」（安房直子
「うんこ」（サトシン作
読み聞かせでは、臨場感
ぷりの語り口に児童らが
の世界に引き込まれた。

給食の材

宇

黒部市宇奈月小学
日、給食の食材に、コ
リと長ネギを無償提供
れた地元の生産者を招

事務所の先輩、矢島晶子さんを誘って、祖父ゆかりの五箇庄小学校へ。矢島さんの朗読に生徒たちが笑いころげる様子がおもしろかったです。生徒の実践ナレーション、朗読劇もかわいく見事でした（北日本新聞2011年11月12日朝刊より）。

「できるだけ長く一緒にいてあげられるように」との病院側の配慮で、毎晩の家族団らんの時間は設けられていました。私が大げさだと感じていた、病室での家族揃っての晩ごはんは、いつか〝最後の晩餐〟になりうるものだったのです。

5月にはじまった入院生活は、夏休みに入っても続いていました。

自分がもうじき死ぬということは大きなショックで、なかなか受け止められるものではありません。

「私、まだ何もやっていないのに」

そんな時、バレーボール部の皆から電話がかかってきました。

「好きなこと何もやっていないのに、もう終わるの？」

大会の結果を報告してきてくれたのです。この大会で優勝すれば上のブロックまで進出できますが、負ければそこで3年生は引退です。

「負けちゃった。ごめん」

私の中学校のバレーボール部は、地区大会では毎年のように優勝していましたが、この年は敗退してしまったようです。部員たちがかわるがわる電話に出て、みんな泣きながら報告してくれました。

「うん、でもがんばったね」「惜しかったね」と、あいづちをうちながら聞いていましたが、私はみんなと同じ気持ちには到底なれませんでした。

「試合に負けたくらいで泣くな。それくらいのことで、電話かけてくるな」

ぶつけたくなった言葉を飲み込みました。病気のことを話していないのだから、彼女たちが私の境遇を慮ることはできません。

「負けても別に死なないじゃん。大したことないじゃん」

「私なんてもうすぐ死ぬんだぞ」

なんて本音を言えるわけがありません。

大会の敗退を泣きじゃくって悔しがる子たちと、いま私はこんなにも離れてしまった。まったく違う世界にいる。その事実を、強烈に実感しました。受話器を置いて、「やっと終わった」とひとり言が出ました。心も身体も冷えきった感じがしました。

それが、中学3年生の夏休みの思い出です。

ただ終わりを待つだけの時間なんて、何をやっても楽しくありません。結局、私は入院している間、ただ寝てばかりいるようになりました。病院の消灯時間は21時です。家族が帰ったあとの病室は静かでした。昼間に寝ているせいで全然眠くありません。

夜はとても長かったです。

バカボンのパパ!?　M先生と出会う

転機は突然訪れました。

夏休みの終わり頃、父から電話がかかってきました。

「今日、偉い先生が病室に行くから」

私が「うん、わかった」と生返事をすると、

「バカボンのパパに似た先生が病室に行くから！」

と言われました。父が何を言っているのかわかりませんでしたが、主治医も「今日は偉い先生が来るから」とわざわざ伝えにきました。

その日、杖をついたおじいちゃんが病室にやってきました。

M先生というその人は、電話で聞いたとおりバカボンのパパによく似ています。半身が不自由らしく、杖をついていました。脳梗塞を患ったことがあるそうです。60代でしたが、ぱっと見は70歳以上に見える、いかにも「おじいちゃん」といった雰囲気の方でした。

この人はいったい誰なんだろう。

前夜、父は近所の行きつけの寿司屋に行ったそうです。もともと家族で通っていたお店ですが、私の入院以降はひとりで行くようになっていました。他のお客さんが減ってきた閉店間際、父はカウンターで泣いてしまったそうです。そして寿司屋の大将に慰められて帰宅しました。ところが帰宅すると、大将から電話がかかってきたのです。「テッちゃん、戻ってきてくれ」と。

「酔っぱらったじいさんが、テッちゃんを呼べって言ってきかん。もう一回、店に来てくれ」

その〝酔っぱらったじいさん〟が言うには「自分は血液学の権威であり、自己免疫疾患は自分の専門だから、娘さんを診させてほしい」とのことでした。

実際、M先生は国立大学医学部の教授で、大学病院でも現役で医師をしていました。でもその社会的な信用度以上に、両親はワラにもすがる思いだったんじゃないかと思います。「血液学の権威」を自称するM先生の言葉は、両親にとって唯一の希望として響いたのです。

もうひとつ幸運なことは、私の主治医がM先生の教え子だった点です。当時はまだセカンドオピニオンの概念がなく、世間一般では「お医者様の言うことは絶対」という考え方が支配的でした。患者側に別の病院で診てもらうなんて発想はなく、また主治医としても別の医師に患者を託すなんて、自分や病院の沽券に関わることは、やりにくかったはずです。ところが、かつての恩師が「この娘さんを診るから」と言ってきたら、話は別です。酔っぱらったじいさんは、本当に〝偉い先生〟だったようです。

のちに医学大全に自分の名前が載っているところを見せてくれたので、M先生は私が思っていた以上に本格的な〝偉い先生〟でしたが、偉ぶる様子はなく、むしろ失敗談をよく語り、お茶目で、いつもフレンドリーに接してくれる、私のまわりでは珍しいタイプの大人でした。

「じゃあ、うちの大学で引き取るから」

あれよあれよという間に、私の転院が決まりました。

〰 なくなった〝最後の晩餐〟

ぱっと見、普通のおじいちゃんに見えるM先生は、しかし、頭は本当に明晰でした。中学生の私にもわかるように、現在の病状と今後の治療方針を説明してくれました。

――ステロイドを使用するのは常套手段ではあるけれど、使っている量がおかしい。現在の使用量はマンモス1頭に使うようなレベルであり、本来なら無菌室に入らなければいけない。これでは病気を治すよりも、副作用で取り返しのつかないことになってしまう。ただし、ステロイドを急に減らすのは危険なので、かわりとなる数種類の免疫抑制剤を組み合わせて、徐々にステロイドの使用量を減らしていく――。

こうした治療法は現在では標準治療とされていますが、30年以上前の当時はとても珍しかったようです。その数種類の免疫抑制剤は特発性血小板減少性紫斑病の治療としては、まだ保険の認可が下りていなかったので、保険内で処方できるように、別の病気の治療という口実がつけられていたような話も聞きました。これ、時効でいいですか?

M先生は自信にあふれていました。

「普通の生活に戻す」

「高校生にもさせるぞ」

その言葉は、私を安心させてくれました。

この病気のほとんどは治りません。一生付き合っていく必要がある病気です。ただ、定期的に検査をし、薬の種類、量を調整しながら、日常生活が送れるようになる、「寛解(かんかい)」という状態を目指すのです。

私の血小板の量は6000でした。正常値が15万~35万なので、私は特発性血小小板減少性紫斑病の患者の中でも重症の部類でした。使ったステロイドの量も多かったそうです。でも先生はかつて血小板５０００だった患者を寛解させ、無事出産もさせた経験があると言っていました。

その人を病院の待合室で見たことがあります。私より10歳くらい上のその人は穏やかで華奢な人。白い肌も印象的でした。私たち自己免疫疾患の患者は紫外線を避ける必要があるので、結果的に白くなる人は多いらしいです。「私の肌はいまこんな状況で真っ赤だけど、いつかそうなれるんだろうか？」。出産願望はないけど、出産できるくらいの〝普通の人〟になれるという可能性が見えました。

両親にとっても、寛解して普通の生活に戻っている実例があることは確かな希望になったそうです。

こうして〝最後の晩餐〟はなくなりました。

退院できると思えば、入院生活は苦ではありません。それまでは寝てばかりだった私も、妹に「マンガの最新巻買ってきて」とお願いしたり、復学後の学校の成績を心配したりするようになりました。夏には、死ぬこと以外、何も考えられなかったのに、転院して１カ月半後、10月には退院することが決まったのです。

いきなり、未来が目の前にあらわれました。

第2章

病める時も

15歳

通院治療に切り替わっても、常に身体には重だるい倦怠感がありました。また、私の紫斑病のような自己免疫疾患は疲れるのがよくないので、体育の授業は見学するよう言われました。以後も生活で制約は多いです。とはいえ、私は久しぶりに学校に通えることになったのです。

しかし、いざ復学するとなると、別の悩みが出てきました。外見の変化です。入院前は45キロだった体重が20キロも増えていたんです。ちょっと太ったな、とは思っていましたが、私は自分の変化がここまでだとは気づいていませんでした。入院中はネグリジェのようなパジャマを着ていたので、体型の変化がわかりにくかったのかもしれません。ステロイドの副作用には「肥満」がありますが、それ以上に不摂生と連夜続いた〝最後の晩餐〟が影響したんでしょう。

着ていたSサイズのセーラー服が、入らなくなりました。窮屈とかいうレベルの問題ではなく、腕を通したあと、首を通せない。いろいろな部分の肉が邪魔をして、身体を一度も中に入れられませんでした。結局、親戚のお姉ちゃんからLサイズのセーラー服をお下がりでもらいます。

ほかにもステロイドのメジャーな副作用、「ムーンフェイス」の症状がありました。漢字では「満月様顔貌」と書かれるのですが、文字どおり、顔がむくんで丸く腫れます。さらに顔中に大きなニキビができました。「ステロイド痤瘡（ざそう）」と呼ばれるものです。潰さないように気をつけていても、勝手に潰れて膿が流れるんです。この見た目はきつかったです。

復学はうれしいことだったけど、最初に登校する日は、クラスのみんなから自分がどう見られるのか、想像するだけで嫌でした。

友人たちはあまり見た目に触れてこなかったです。ただただ私が学校に戻ったことを歓迎してくれました。逆に、仲がよくない子たちは遠慮なくからかってきました。「顔ちゃんと洗いなよ」という言葉は何度も言われましたね。こちとらズルムケるくらい洗ってるわ。

本人が気にしているだろうと踏むと、余計にそこをイジろうと狙うんだと思います。中学生くらいの頃って、思い返すと、私もですが、ちょっとイジワルでした。

それにいちいち傷ついていたら悔しいし、傷ついていることを相手に悟られたら、より惨めになる。だったら、せめて傷ついてなんかいないふりをしようと、なるべく自分からネタにして笑ってやろうと、毎日、気合いを入れて登校しました。これ以上、惨めにならないための精一杯の見栄です。

こうしてぽっちゃり、ニキビ顔の三枚目になりきりつつ、楽しく、そしてまわりに楽しそうに見られるように振る舞って過ごしました。家では学校に行きたくないと泣いたりしましたけどね。だって15歳だもの。

ただ、もう一方で、これが本当に些末なことにも思えたんです。病棟で人生を終えることに比べたら、どんなことも〝小さなこと〟です。

高校に行くまでの我慢だと自分に言い聞かせました。私のビフォーアフターを知らない環境に行けば、少なくともこの、同情、嘲笑、いろんなものが混じった複雑な視線はなくなる。最初からニキビのぽっちゃりの、明るい子としてスタートできると。

同じ中学出身の子がいない高校に行けばいいんだ。つまり入るのが難しい高校だ。やることは勉強だけだ！と、卒業までの残り数カ月は猛勉強しました。15歳の自分は、こと見た目に関しては極端に自信をなくしていましたが、すべてを失ったわけではありませんでした。すべてを失った気分を一度味わっているので余計にそう思えたのでしょう。自分は今、とてつもない幸運の上にいるんだと自覚していました。

ほんのちょっと前、病棟の中で絶望していた自分が今の自分を見たら、きっと「夢のようだ！」と思うだろう、と。

私が受験したのは、愛知県立一宮高等学校です。試験会場から帰ってきた私は、

「受かった！」

と、親に早々に合格宣言をしました。満点を取れた確信がありました。

「新入生代表の挨拶とかさせられたらどうしよう」と、すっかり浮かれていました。あとで聞いた話だと、私以外にも満点の受験者は多数いたそうです。当然、新入生代表の挨拶はまわってきませんでした。ともあれ、私は無事、志望校への切符を手に、晴れ晴れとした気分で中学の卒業式を迎えました。

卒業式の前に教室で、私たちはそれぞれ、手紙を受け取りました。両親からの手紙です。自分の子どもに手紙を送るイベントを、ＰＴＡがサプライズで企画していたのです。

「君があの夏に病気を経験して、入院して、退院してくれたときに、もう父さんは君に何かを期待するのをやめました。ただ生きていてくれるだけで、父さんたちはうれしい」

手紙を読んで私は泣きました。

父の性格を考えれば、私が大学を出て、正しい、堅実な仕事に就くことを、もとも

とは望んでいたのかもしれません。

私は入院を機に人生が変わりましたが、父も変わったようです。

クラスのあちこちからすすり泣きが聞こえました。中学最後の思い出は、卒業式が始まる前から泣き顔になったクラスメイトたちでした。好きな子も嫌なやつも泣いていた。いい卒業式でした。

自分じゃない何か

一宮高校は一宮市の中心部にあり、その都会的な雰囲気にも驚きましたが、何よりも生徒たちの言葉づかいがきれいなことに衝撃を受けました。

私の生まれ育った地域と一宮市では、同じ尾張弁でアクセントも同じですが、語尾が違います。私の地元では「○○やげ」という語尾が多く使われ、ちょうど関西弁の「○○やで」に近い用法だと思います。どうやら「○○やげ」の語尾を使うのは本当に限られた地域のようで、一般的な尾張弁と比較すると野蛮に聞こえます。

それから言葉のチョイス。近所の友だちの家に遊びに行くと、その家のお父さんやお母さんたちは日常的に「おめー」「やったるぞ」「どついたるぞ」という言葉を使いました。それは文字どおりの意味ではなく、フランクに笑い混じりのツッコミのような意味合いです。私もそう接してくるおじちゃんおばちゃんたちが好きでしたし、おばちゃんたちを下の名前で呼び捨てにもしていました。正確に言うと今も呼び捨てています。本人たちがおばちゃんと呼ばれるのを嫌がるからです。最近久しぶりに帰省したときに

「邑ちゃん久しぶりだがや!」

と声をかけられたので

「おばちゃんも元気そうでよかった」

と返したら

「誰がおばちゃんじゃこら!」

と言われました。どう考えても、いい加減、おばちゃんだろう!

なので、後期高齢者の近所の女性を、私は今も敬意をこめて呼び捨てにしています。

我が家では両親が教師だったので、そういった言葉を使うことはありませんでしたが、そんな私のうちだけが特別、品のいい家なんだと思っていました。どうやら、この地域の家が一般的ではなかったのだと高校に入って気づきます。

高校入学後、同級生から「邑子ちゃんって、ワイルドだよね」と言われました。お

そらく言葉を選んだ結果、「ワイルド」と評してくれたんでしょう。

高校に入学した当初、私には特にやりたいことがありませんでした。「高校生になる」ことが目標。合格できて一段落。そこから先はまるで考えていなかったのです。M先生のおかげで日常に戻ることはできましたが、「きっと他の人よりは短めな人生なんだろうな」という意識はずっと頭に貼り付いていました。だから「何かやりたいことをやらなきゃ、早く、元気なうちに」という思いがありました。なのに、やりたいことがないことに焦っていました。

そんな私に、ひとつ前の席の子が「部活、どこにするか決めてる?」と話しかけてきました。何も決めていないことを伝えると、演劇部の新入生歓迎公演に誘われました。

私は、子どもの頃から映画が好きで、中学生時代はおこづかいをすべて映画館で使うくらいでした。しかし、自分がそれ、映画を作る側にまわるなんて発想はまるでありませんでした。映画は観て楽しむもの。自分は楽しませてもらう側。作る側なんて、あまりにも遠い世界で、まったくの他人事でした。

対して高校演劇部の新入生歓迎公演は高校生の手作りの舞台です。目の前で、自分

高校の体育祭。ミサンガ風のお揃いのハチマキを作りました(写真中央)。

演劇部。授業はサボっても部活の開始時間には遅れない生徒でした(写真前列、右から2人目)。オリジナルの脚本で公演をしたりしました。

と同じ学生がお芝居を作っているのを見て、
「あれ？　自分も簡単に、そっち側に行けるんじゃない？」
と、初めて〝作る側〟を意識しました。
「そっちを体験するのも悪くないな」「一回くらい、楽しませる側を味わってみるのも」と思ったのです。

他の部活を見学することなく、私は直感的に演劇部への入部を決めました。

入部して間もなくのこと、私たち1年生は、6、7人ずついくつかの班に分けられました。各班1本ずつ既存の台本でお芝居を披露し、先輩たちに評価、感想をもらうのです。実践から始まるんですね。すべての班がお芝居を終え、私たちはひとりずつ、先輩たち全員からの感想をもらっていきました。明るく和やかな雰囲気でしたが、内容は想像以上に本格的なダメ出しでした。待っている時間のほうが緊張します。いざ、私の番が来ると……「うまい！」「うん、後藤ちゃんはうまい」「おもしろい」と、先輩たちがこぞって褒めてくれました。

初めてのお芝居なので、何がうまくて何が下手なのかわからない状態でしたが、お芝居が純粋に楽しかったことと、それを先輩たちが褒めてくれたことに、私は有頂天になりました。

どうやら私は人前で演技をすることに照れや恥ずかしさがないみたいです。その度胸（?）をまず褒められ、すぐに、大会用のお芝居で重要な役に選ばれました。

「自分じゃない何か」になるのは初めての経験でした。それは今まで経験したことのない、たまらない快感でした。病気のこととか、身体がいつも重だるいこととか、そういったことをすべて忘れて、自分以外になれる時間。今までにこれほど熱中したものはなかったです。

私は文字どおり「自分じゃない何か」になりたかったんだと思います。

後にサボり癖を発揮する私も、高校は部活のために通っていると言ってもいいくらい、部活の開始時間には必ず間に合うように通学しました。

私はいま、自由に動ける

高校生活は楽しかったです。疲れちゃいけないっていうあいまいな制限があって、体育は見学しなきゃいけないことも多かったのですが、体育祭や文化祭では実行委員を務めるくらい、積極的に参加しました。クラスのハチマキのデザインを皆と考えたり、本当はダメだけどリレーのアンカーをやったりもしました。思い出は多ければ多いほどよいと思っていました。目の前のことを全身で味わって楽しみたかった。おかげで見た目は、ニキビ、ぽっちゃりで中学時代と変わらないのに、高校での写真は笑っているものばかりです。

ただ、スカートを穿くのだけは嫌がっていました。こんな見た目の私がスカートを穿くなんてみっともない、と。意識過剰なんですけど、パンツスタイルが癖になっていました。友人たちはそんな私を見かねてしきりに女の子らしい格好をさせようとしてくるんですが、そこだけはかたくなに譲りませんでした。

そういえば、高校2年生の時に、修学旅行で淡路島に行ったんです。宿泊した旅館で阿波踊りの踊り方を習い、夕食後にはクラス対抗阿波踊り大会が開催されることになりました。優勝賞品は人数分のバナナです。その賞品でどこの高校生が本気で取り組むのかと思われた大会で、なぜか、

「うちのクラスが優勝したら邑子はミニスカートを穿くこと」

「バナナ好きの邑子のためにがんばろう」

という一方的な賭けが行われました。すでに意味不明なんですが、修学旅行は人を狂わせるのかもしれません。

他のクラスがなぁなぁに踊るなか、うちのクラスの女子だけ全力で踊り、ぶっちぎ

修学旅行の夜。阿波踊り大会優勝賞品のバナナを手に（写真中央）。レアな私のスカート姿を見ようと部屋に人だかりができました。

りで優勝しました。結果、約束どおり、友人の私物のミニスカートを穿かされ、頭にリボンを着けられ、バナナをプレゼントされました。他のクラスの女子まで「邑子がスカート穿いてるんだって？」と集まってきて記念撮影。同窓生が集まると今でもよくこの話題になります。えらい目にあいました。でも写真を見ると私、やっぱり楽しそうに笑っているんですよ。

高校生になってからも、週に1回は大学病院の血液内科に通って検査をし、M先生の診察を受けていました。現在では、膠原病（こうげんびょう）内科という診療科が一般的ですが、この当時はそういう科目はなかったです。自己免疫疾患の患者はおもに血液内科で診られていました。

病院では、診察室内から医師がマイクで「○○さん、診察室へどうぞ」と、待合室の患者を呼びます。しかし、M先生は私のときだけ「ゆこちゃん、ゆこちゃん、どうぞ」と呼ぶんです。他の患者も、つい笑ってしまう瞬間でした。おかげで私は誰からも「ゆこちゃん」と認識され、親しく話しかけられるようになりました。

国立の大きな大学病院には、あちこちの県から普通の病院に通う人よりもずっと症状の重い人、生きること自体がたいへんそうな人が大勢来ていました。

幼くても老いていても、家族に運ばれて通院する人たち。毎週、そういう人たちを見ます。

血液の数値を見なければ、ぱっと見は普通の女子学生に見える私と違って、まったく、健常の人たちと違う人生を生きる人たち。

また、血液内科の廊下がほんのり暗いんです。強い光が神経に障る症状もあるからか、明らかに他の場所より暗かった。他の科の明るく賑やかな待合室と雰囲気が違っていました。たまに騒がしくなる時って、漏れちゃう声を止められない患者さんがいる時くらい。

この待合室では、同い年くらいの女の子をよく見かけました。彼女は自分では歩くことができず、座ることもできず、ほとんど寝るような姿勢で特殊な車椅子に乗っていたので記憶に残っています。しゃべることはできなかったんだと思います。長く伸ばすうめき声しか聞いたことはありません。

彼女は、ずっとその状態なのだろうか。彼女にとって「治る」とは、どの状態になることを指すのか。彼女にとっての幸せって何なんだろう。先にご両親が亡くなったらどういう生活を、誰に助けられて、していくのか。他人をこんなふうに勝手に推測するのは失礼なことです。でも、会うたびに思いました。

高校の、当たり前の明るい場所と、全然違う領域。その廊下の薄暗さと一緒に思い出すんです。

自分が「自由に動ける時間」に限りがあるなんて、普通の学生は意識しません。でも否応なしに意識させられるのが毎週通う大学病院でした。

私は、2つの世界に所属して、行ったりきたりしている感覚でした。

幸運にも私は退院し、今、日常に戻ることができています。しかし、あの入院以来、私の頭の中には

「きっと他の人よりは短めな人生なんだろう」

という考えが貼り付いていました。一生付き合っていく病気、それを持っているだけで、どんなに大丈夫と言われても思い込みは消えないのです。でも、誤解を恐れず言ってしまえば、「それがどうした？」とも思っていました。それが特別不幸なことだとは思いませんでした。だって誰の時間にだって限りはある。長かろうが短かろうが終わる。

「それに私はいま、自由に動ける」

16歳の私は、時には悶々とするけれど、シンプルでした。

うちの高校には珍しいくらいの問題児!?

いつしか私は「やりたいと思ったことは、一瞬も躊躇せずにやろう。時間には限りがあるんだから」と考えるようになりました。

何も大層なことではありません。本当に些細なことから。朝の通学途中、反対側のホームに電車が入ってきた時に、「今ごろは山に雪が積もっていて綺麗だろうな」とぼんやり思ったら、その足で反対側の電車に飛び乗り、雪を見にいきました。学校とは反対方面の電車に乗れば金華山は見えてくるし、関ヶ原まで行くとすべり放題のスケートリンクもあります。そのスケートリンクも屋外のうえ、積雪地帯なのでいつも氷のリンクの上に雪が積もっていて、平日にはお客さんはほとんどいません。電車に乗っている時間も好きでした。コーヒーを飲みながら、車窓に映る景色を飽きずに眺めていました。飛騨高山あたりまでは、私の普段の行動範囲内です。

「やりたいことをやる」というのは、しかし、「やりたくないことはやらない」と表裏一体です。学校はよくサボったし、宿題には手をつけません。結局、高校の3年間で私は一度も宿題を出しませんでした。

映画館にもよく行きました。観たい映画があれば、いちばん空いている時間、つまり平日の午前中に名古屋の映画館まで行きました。大作でもないかぎり、平日午前の映画館はガラガラです。他のお客さんが数人いても、だいたい視界に入らない程度。上映が始まってしまえば、自分と映画が一対一。この状況が好きです。ひとりで、映画を全身に浴びている、もしくは全身、映画に包まれている感覚。

なので、基本、私は今でも映画はひとりで観にいきます。映画と自分の関係を邪魔されたくないんです。

学校をサボっても、私はけして横柄な生徒ではなかったです。先生たちのことも好きだったし、なんだかんだで仲もよかったと思います。「決められたルールを破ることに抵抗がなかった」だけなんです。やりたいことを優先して、そうでもないことをやらないことに罪悪感を感じなかったのです。ルール違反は、私にとって、いわゆる〝小さなこと〟でした。

担任の先生は朝の出欠をとる時に、私の友人に「今日、後藤は？」とよく聞いていたそうです。その回数があまりに多いので、友人が「私は邑子のお母さんじゃないんですけど！」とキレたこともあります。

近隣の各中学校の上澄みの優秀な生徒しかいない学校でしたから、先生の間で「うちの高校には珍しいくらいの問題児がいるぞ」と話題になりました。両親にも、学校から連絡がきました。

しかし、うちの両親も両親で、私が退院してからというもの、滅多なことではいまいち動じません。「埒があかない」と、ついに学校に呼び出されてしまいました。父が「父さん、呼び出されちゃったから行ってくるよ」と言うので「ありがとう。いってらっしゃい」などとのんきに送り出し、その日も私は学校をサボりました。

平然と高校に行ってくれた父でしたが、実際のところ、私の高校には父の元教え子がたくさんいるので、内心「どうか誰とも会いませんように」と職員室でドキドキしていたそうです。会わなかったそうです。よかったね、父さん。

私のサボり癖は、単にあきらめられたのか、そのうち「後藤だからしかたない」と許されるようになりました。

「やりたいことを躊躇しない」「やりたくないことに時間を使わない」

そんな私の指針は、幼くて極端なものでした。でも、他人に迷惑をかけないかぎり、根本はそれほど間違っていない気がするんです。おそらく誰にも迷惑はかけていなかったはず。

父以外。

万里の長城、生ぬるいコーラ、真夏の風

「中国に行ってみたいかい？」

ある時、おもむろにM先生がそう尋ねてきました。

「行く行く」

高校2年生の私は、二つ返事で答えました。

事の発端は、M先生の大学時代にまで遡ります。医学部生だったM先生は、中国からの留学生Cさんと仲良くなりました。M先生は気の合ったCさんをよくごはんに誘ってご馳走していたと言います。Cさんはこの留学時代のことに、たいへん恩義を感じていたそうです。

やがて帰国したCさんはお医者さんになり、病院を建て、全人代（全国人民代表大会）に出席するほど出世をされ、M先生を北京に招待したのです。

私たちは「要人（Cさん）の招待客」なので、行き帰りにチャーター機が手配されました。飛行中に操縦席まで行くこともできました。初めて乗った飛行機の操縦席から見た雲海は映画のようでした。

憧れていた歴史の舞台、万里の長城にも登りました。真夏の気温と日差しの中、栓

を抜いた瞬間に中身が半分あふれた生ぬるいコーラもおかしくて、おいしくて。その時、山の下から吹き上がってきた冷たい風が、私の汗を吹き飛ばしました。

中学3年生の夏、余命を宣告されて病室にいた私は今、こんなに遠く、来ることもないと思っていた場所に立っていました。この時の思いは、どう言葉にすればいいか、今もわかりません。

あの最悪の夏から、私は生き延びました。

ソープ嬢と私

私が高校2年生の春、M先生は大学病院とは別の場所に小さな診療所を開きました。大学病院は来院患者が多く、待合室で2時間以上待つこともザラでしたが、定期的な血液検査や薬を出してもらう程度であれば、大学病院じゃなくてもかまいません。症状が落ちついてきた患者は診療所のほうに通うようになりました。私の症状もだいぶ落ちついてきていたので、大学病院で精密検査をするのは年に2回ほどでよく、通常の血液検査では診療所に通うようになりました。

その診療所は、岐阜県の金津園にありました。金津園は吉原、川崎と並び「日本三大ソープランド街」と称される、中日本最大の歓楽街です。その金津園のど真ん中に、M先生の診療所が開かれました。

M先生は大学の教授や大学病院での診察を続けていましたが、それ以外の曜日は診療所にいることが多かったです。その診療所は居心地がよくて私は大好きだったので、学校が終わったあとや部活がない日、休みの日など、しょっちゅう入り浸っていました。診察に行くのではなく、遊びにいく感覚です。M先生は歓迎してくれて、休憩時間にお話をしたり、一緒にごはんを食べたりしました。また、他の患者さんたちとも仲良くなっていきました。

「邑子ちゃん、暇なときにアルバイトやるか？」

これだけ頻繁に来るなら……、ということだったのか、私はM先生に言われて診療所の受付をやることになりました。

その診療所には、私のように大学病院の血液内科から移ってきた膠原病や自己免疫疾患の患者さんが多かったのですが、土地柄もあって、性病の検査に来るソープランドのお姉さんたちも大勢いました。性病検査は健康保険証がなくても受けられるし、偽名でも受けることができるので、私は常連のお姉さんたちの本名は知らないまま顔

初めて行った北京では〝VIP待遇〟。勝手に動きまわる私を、常にSPが追いかけます。

万里の長城。来ることもないと思っていた場所に立っていました。

見知りになり、よく話すようになりました。検査費用を出してくれるお店もあれば、本人任せのお店もある。当然、検査を受けない人たちも多かったと思います。「検査費用を出してくれるお店（領収書の宛名が店名になる場合）は、ちゃんとしたよいお店なんだな」と、子どもながらに思った記憶があります。

私と同い年か、年下にしか見えない女の子も検査に来ていました。「あの子は親に売られたんだよ」とお姉さんたちが言いました。本当のところはわかりません。少なくとも何人かは、同世代の女の子を見ました。でもお店の名前で領収書を頼むってことは、まだ、いいお店なんだ。少なくとも最悪じゃないお店なんだ。

高校の友人たちにもそれぞれの悩みや苦しみがあって、それぞれがもがいていたのは知っています。でも過酷さが違う。誰からも助けられないような底にいる。彼女たちはどうやって、地上に上がっていくんだろうと思いました。

私は学校帰りにセーラー服のまま待合室にいたり、受付をやっていたりしたので物珍しかったようです。お姉さんたちは「どうしたの?」「何の病気?」と、気さくに声をかけてくれて、自分の病気について話しているうちに少しずつ会話が長くなり、仲良くなっていきました。

特に仲良くなったのは、イブさんとあかりさんです。2人とも健康保険証を使わなかったので、本名や実年齢は知りません。当時、29歳だと言っていたイブさんに関してはおそらく10歳くらいはサバを読んでいたんじゃないかと思います。そもそもお店でサバを読みますしね。私と同じですね。……ちがうちがう、今のなし。

お姉さんたちは家族を養うためとか、ヒモを養うためとか、基本養う系なんですが、それぞれの事情を抱えつつ明るくたくましい人たちでした。どんな話をしても、引かないのも新鮮でした。

当時の私は明るく振る舞っていたけれど、やっぱり病気の症状や、制限はしんどくて、「なんで私だけこんな身体なんだ」「一生、こうなのか」と、しょっちゅう怒っていたんです。でも、それを親にぶつけたって親を傷つけるだけです。同級生に話しても、わかるわけがない。

だからといって、自分と同じような境遇の患者さんたちに愚痴ると、私より症状が重い人まで親身になって慰めてくれます。難病の患者さんたちは、どうしてそうなれるんだろう?と思えるくらい優しい人ばかりでした。私はいっこうにそうなれない。その人たちに愚痴って慰められるほど、自分だけが、ダメな甘ったれに思えてきます。

そんな時、イブさんやあかりさんは、私と同じくらい口汚く、病気を罵ってくれました。

「くそがーー！」「くそったれーーー！」って。大の大人が、笑えるくらい叫んでくれるんです。一緒に地底から地上に向かって唾してる感じ。ひとりで怒るのはさびしいけど、３人で怒れば気持ちはちょっと明るく、ちょっと軽くなる。お行儀は悪いけど、そこで初めて、私は気が楽になれました。

イブさんはよくアイスコーヒーをオゴってくれました。お姉さんたちは、出勤中はよく喫茶店から出前を取るようで、なじみのお店に電話で注文してくれるのです。届け先は診療所の待合室。そこで患者２人が届けられたアイスコーヒーを飲んでいるのは、考えてみるとおかしな状況ですね。

喫茶店の銀色のお盆にのせられたアイスコーヒー。私がコーヒーをブラックで飲むようになったのはこの頃です。一足飛びに大人になったような気がしました。現実に何かしら傷ついて、開き直ったり折り合いをつけたりする時、子どもはたぶん子どもではなくなります。苦いアイスコーヒーはその象徴にも思えました。これが、とてもおいしい。

あかりさんで一番覚えていることは、よく「あきらめろ」って言われたことです。

口癖のように、あかりさんは私にすぐに「あきらめろ」と言いました。高校生の私はそのとおりに飲み込むのは難しかったです。あきらめたくないことばかりだったから。

でも今になって、言われてみれば当時の私の願いは現実的には「あきらめるしかない」ことばかりだったなって、わかるんです。

がんばったって、どうやったって病気が治るわけでもなく、状況を変えられるわけでもなく、私がただただ受け入れたくなくてもがき続けていただけで。本当はあきらめるのが一番、時間を無駄にしなくてすむ方法でした。

もし私があの時のお姉さんの立場で、私のような高校生がいたら「あきらめろ」って言います。

その子のために一番効率のよいアドバイスだから。

今の私のモットーのひとつ、

「変えられることは変える。変えられないことは受け入れる」

って、この頃の影響が強いです。絶対変えられないことを変えたいと考え続けた、あの私の時間は無駄だったから。だったら、変えられることに集中したほうがいいんです。

「身体は借り物」という言葉も教えてもらいました。仏教の言葉らしいですが本当の意味はわかりません。私は、身体は生きてる間だけ借りてる「入れ物」なんだ、と理解しました。この不具合の多い、自分の入れ物が好きじゃないけど、生きている間だけ借りている、道具のようなものだと思えば気が楽でした。

じゃあ、借りている間は好きに使おう。

お姉さんたちの哲学は偏っていて、なかなかラフで、けれどもどんな書物より私を救いました。

私の愚痴にいつも、私の気がすむまで付き合ってくれた人たち。夜の出勤まで、ずっと一緒にくそったれー！って叫んでくれた、彼女たちを私は忘れません。

お姉さんたちの源氏名はお店を移ればすぐに変わってしまうし、もうとっくに引退していると思いますが、イブさん、あかりさん、ありがとう。

私は元気です。

〰 最適解の将来

高校演劇の最後の大会はヒロインでした。それまでは男役が多かったのですが、ここに来て等身大の少女役。1年生の時に私を演劇部新入生歓迎公演に誘った子が脚本を書きました。

難病を持ちながら過剰に元気に振る舞う破天荒な少女です。これ、私？　病気に負けて死んじゃう縁起でもないラストですが、地区大会で優勝しました。地区大会優勝を目標にしてきたので全員が号泣しました。しかしその先には進めませんでした。上には上がいます。私たちの高校演劇は終わりました。

気がすまずに、本来なら2年の冬に部活を引退するところ、3年の春に特例でお芝居を上演することにしました。

『祭りよ、今宵だけは哀しげに ～銀河鉄道と夜～』

宮沢賢治『銀河鉄道の夜』を下敷きにした高校演劇の名作です。これを最後にしようと、部員みんなが好きだった脚本を選びました。でも、それでも気がすみませんでした。やればやるほど、お芝居するのをやめたくなくなる。この想いにはキリがなかったのです。

どうにか、この先もずっとお芝居に携わっていきたいという欲が出てきていました。ただ、私には治らない病気があります。体育の授業も見学しなければならない私が、プロの劇団員になるのは現実的に不可能に思えました。でも、お芝居にはどんな形でもいいから関わっていきたい。

ちょうどその頃、演劇界では地方劇団が流行り始めていました。劇団で生計を立てるのではなく、普段は一般のお仕事をしている社会人が週末だけお芝居をするというシステムの劇団も一気に増えました。「働きながら、お芝居をする」モデルケースが実際に名古屋にはいくつかあったので、趣味として演劇をやっていく将来像はイメージしやすかったです。

こうして私は、「できるだけ負担の少ない部署の公務員になって、週末に趣味で劇団をやる」ことが、最適解だと考えるようになりました。その道筋を辿る方向に進みます。

多国籍・異文化・別世界の学部

私は名古屋にある南山大学に入学しました。

愛知県では「名大（名古屋大学）か南山の英米（南山大学外国語学部英米学科）を出れば県内のどこにでも就職できる」と、よく言われていました。大風呂敷ではありますが、それくらい就職に有利だったのはたしかです。当時、不景気のために人気が上がっていた公務員にもなりやすいはず。

一宮高校からは半数近くの生徒が名古屋大学に進学します。私の友だちも、ちょうど半分が名古屋大学に行きました。大学も友だちと一緒がいいなとも思いましたが、今までとちょっと違う環境を経験したい気持ちもありました。名大は想像できるけど、南山は未知でした。外国人が作った、外国人の多い大学。詳しくは知らないけどその情報だけでドキドキできます。

英米学科は、クラスの半数が外国人留学生と帰国子女でした。さらに担任の教師がアメリカ人。おかげで入学後の最初のガイダンスがすべて英語です。「嘘でしょう?」。呆気にとられて履修届を出すこともままなりません。私は高校時代の英語の成績はよかったほうで、TOEICでもいいスコアが取れたことがあり、自分の英語力に多少の自信がありました。ところがネイティブたちとまったくコミュニケーションがとれません。私の根拠の薄い自信は、あっさりと崩れました。

そんな私に担任のティムがいきなり声をかけてきて、「YUKO! 趣味合うと思うから、ディヴィッドと仲良くしなよ」と言いました。「はい?」「ほら、ディヴィッド、こっちYUKO。2人、パートナーね」「は、え? なんて?」「カンバセーション(会話)パートナー!」と、男子をひとり、置いて去っていきました。「ちょっ、先生？　こら、アメリカ人！」雑なコーディネートにもほどがあるわ、アメリカ人担任！

こうして、英語のたどたどしい私は、日本語のたどたどしいアメリカ人パートナーを得て、彼の友だちの他の留学生たちとも関わっていくことになるのです。

学食の頼み方がわからない留学生をフォローするのが最初のコミュニケーション。なぜ先生たちは外国人なのに、学食に外国人いないのよ、この大学。

仲良くなった上海からの留学生・インと、ディヴィッドが大学にほど近いゲストハウスに住んでいるというのでお邪魔したら、外国人留学生しかいない建物で、多国籍の言語が飛び交い、キッチンからは異国の匂いがしました。

しょっちゅうゲストハウスに遊びにいっているうちに、映画好き同士で意気投合した、シンガポール出身のシルバー君に「ガールフレンドになってくれる？」と言われたので「もう私、ガール（異性の）フレンドじゃん？」と答えて、「ＹＵＫＯ、違う！否定しないと誤解されるよ」と隣室のカナダ人に注意されました。知らなんだ。ガールフレンド、ボーイフレンドって、すでに親密な関係を指すんですね。そんなの高校で習わなかった。

環境を変えてみたいと選んだ大学は別世界でした。

外国語学部では、日本人同士でも、相手が教師でも、ファーストネームで呼ぶ文化でした。困るのは同世代に「YUKO」が多すぎることくらい。同窓生たちとは今でも付き合いが続いています。今年も東京に集まって私の誕生日を祝ってもらいました。

劇団を作ろう

夏にもならないうちに、高校時代の演劇部で一緒だった同級生や先輩と、劇団を旗揚げすることになりました。誰が最初に言い出したのか覚えていませんが、進学先は別々になっていたけれど、私と同様に、大学の演劇部には入ることを躊躇していたそうです。それで、どうせなら気のあった仲間と一緒に演劇をやりたいということになりました。

私は大学に入って早々に演劇部に見学に行きました。

大学の演劇部はさすがにうまいし、舞台のセットも充実していて、レベルの高さを感じました。ただ、私には高校時代にやっていたことと同じことをレベルアップしただけのように見えました。それはやっぱり部活なんです。大学を卒業するまでいる場所。

私は、卒業したら終了する期間限定の部活動ではなく、「劇団」という形を作りたかったのです。

「もう一歩、将来の兼業劇団に向かって進みたい」という気持ちがありました。

それではじめた劇団の名前は「クジラの卵（たまご）」。略すと「クジらん」になるのがかわいくて、お気に入りです。

その中には、かつて私を高校の演劇部の新入生歓迎公演に誘ってくれた友人、「邑子のお母さんじゃないんですけど！」と担任にキレた友人もいました。メンバーは高校演劇部の同窓生ですが、「お金をもらってお芝居を打つ」という意識が明確にあり、そこは高校時代とは大きく異なっていました。

旗揚げ公演にはけっこうな数のお客さんが来てくれましたが、収支はトントンぐらい。

「劇場を借りる料金はこんなに高く、チケットはこれほど収入にならないのか！」と、実感させられましたが、初めてお金をもらって公演をしたことは自信になりました。それに、商業演劇の懐事情が見えたことで、いろいろ収支のメドが立てられるようになりました。「次はもう少し劇場を大きくしよう」とか「劇場代をペイするために、公演回数を増やしてみよう」とか。

これはきっと将来への布石になる。「できるだけ負担の少ない部署で働く公務員になって、週末に趣味で劇団をやる」という計画の下地になると、当時の私は考えていたのでした。

声でお芝居できる！

私は劇団の旗揚げと並行して、ほかにもお芝居に関われる方法はないかと模索します。あまり体力を必要としない役割、裏方なら私でも目指せるんじゃないかと考えていました。ゆくゆくは脚本家や、ディレクターも視野に入れてと、名古屋テレビ（メ~テレ）に「なんでもいいから裏方をやりたい」と履歴書を出しました。

ちなみに、このときの履歴書には、中国服（カンフーする人が着るような服）を着た写真を貼りました。中国を旅行したときに自分のおこづかいで買った服です。気に入っていたし、何よりこの写真がいちばん写りがよくて痩せて見えたので、ベストチョイスのつもりでした。

「履歴書に中国服の写真を貼る人はいない」と、よく言われます。

……ところが、名古屋テレビから「うちの番組でADを募集している」と連絡がきました。大学1年生の私がADをやった番組は『王者マンへの道』（1994年10月22日〜1996年3月30日）です。もともと名古屋テレビには『オジャマンないと！』（1984年10月4日〜1994年10月8日）という番組があり、その後継番組として制作されたのが『王者マンへの道』でした。そこで私はADを始めます。裏方は思ったよりずっとハードでした。「体力を必要としない」という私の考えは、見当外れもいいとこだったわけです。深夜まで収録が続くこともままありました。でもその分、差し入れのお弁当を食べながら、他のスタッフの人たちと話す機会も多くて刺激になりました。

「お芝居に関わる仕事をやりたいけど、それで食べていく方法がわからない」

なんて話をしていたら、番組ディレクターがなんの気なしに

「声が独特だから、声優っていう道もあるんじゃない？」

と言いました。

……声優？

私はそれまで声優という職業を意識したことがありませんでした。

「その手があったか！」

これが履歴書に使った、お気に入りの中国服姿の写真です。

体力を必要としないなんて見当外れもいいところ。ADはこのうえなく体力勝負でした。

青天の霹靂のようなものです。

具体的には知らないけど、たぶん動かずに、声だけを使ってお芝居をする人たちでしょう。

それなら、私の病気がハンデにならないんじゃないか？

そこなら、「お芝居に関わる」んじゃなく、「お芝居できる」んじゃないか？

いや、というか、というかむしろ、私がお芝居するなら、その道以外にないんじゃないか⁉

小森のおばちゃま

同じ時期に、映画評論家でタレントの小森和子さんが近くの市民ホールに講演に来ることを知りました。小森さんは『笑っていいとも！』に出演していて、「小森のおばちゃま」として全国的に知られていました。案内のチラシには大きく「私の映画人生」とタイトルが書かれていて、映画好きだった私は会場に行きました。そこで小森さんのお話に感銘を受けることになるのです。

小森さんは女学生時代から猪突猛進で、波瀾万丈な人生を送っていたということで

私の映画人生

ゲスト

小森和子さん

プロフィール

明治42年　東京・麹町生まれ。
昭和 3 年　中央公論社に入社。「婦人画報」の見習い記者となる。のち「映画時代」に入社。
昭和21年　英会話教師などとして働くうち、「映画の友」の翻訳の仕事に就く。そこで淀川長治氏に映画評論への道を開かれる。
昭和33年　9月渡米。翌年5月まで欧米諸国を巡り、海外スターと交流。
昭和56年　東京・六本木にムービーサロン「ココ」を開く。

106 東京都港区

小森さん直筆で住所が書かれたチラシ。今もお守りのように持っています。

した。その映画のような人生は、一個一個のエピソードも笑ってしまうほどおもしろかったのですが、私がより惹かれたのは、現在の小森さんでした。

情熱が少しも枯れていないのです。映画に対しても、自分の人生に対しても。

「やりたいと思ったことはすぐに手を着ける」とか「時間がもったいない」と、しきりにおっしゃっていました。あんなにおっとりした雰囲気で、当時かなりの高齢でもあったのに、話す内容の熱量に圧倒されました。

「自分に似ている」

勝手にそう共感し、興奮しました。自分に似ているけれど、自分よりずっと肝が据わっていて、実際に行動している。私はどうしても小森さんと話がしてみたくなりました。そこで、講演終了後にホールの裏口に回り、警備員さんに「アポイントを取ってあります」と大嘘をつき、楽屋まで通してもらいました。もちろん許されないことです。

楽屋に入った私は、第一声で

「すみません、嘘つきました。少しでもお話がしたくて」

と白状しました。そんな厚かましい私を小森さんは優しく迎え入れてくださり、すごく長い時間、一対一でいろいろなお話をしてくれました。それはとても楽しい時間でした。

「もし本当にお芝居に関わりたくて東京に出てくるんなら、私のところを訪ねてらっしゃい」

小森さんはそう言うと、講演のチラシに麻布のマンションの住所を書き、私に渡してくれました。このチラシは私にとってお守りのようなものになりました。今も持っています。

その後、私は小森さんに会いにいくことができませんでした。「あの時の学生です。おかげで声優になりました」と、胸を張って言えるようになってから会いにいこうと思っているうちに、小森さんは亡くなられたのです。

アポなしで楽屋に入り込むくらい図々しいのに、親切にしてもらったことで、「優しくしてくれた人を利用しにきた」感じを少しも出したくない、という意識が働いてしまったんです。でも、小森さんの年齢を考えたら、「上京しました」とか「養成所生になりました」くらいのタイミングでもいいから、またも図々しく、会いにいけばよかった。

たった一度の出会いでしたが、忘れられない恩人です。

≋ 上京

「声が独特だから、声優っていう道もあるんじゃない？」

名古屋テレビのディレクターから言われるまで、私は自分の声を、あまり意識したことがありませんでした。演劇部では男役をやることが多かったので、自分がのちに声優として「萌えキャラ」と呼ばれるかわいらしい女の子役をメインにやるようになるとは、この時には思いもしませんでした。

とはいえ、どうすれば声優になれるのか、わかりません。調べていくと、代々木アニメーション学院（以下、代アニ）などの専門学校を経て、声優事務所の付属の養成所に入り、その事務所の所属声優となるのが一般的なルートだと知ります。

さらには、代アニが近日、名古屋で体験授業をやることを声優雑誌で知りました。当時の代アニは「就職率99％」と謳っていて、どういう計算なのかはわかりませんが、99％の子がなれるんなら自分もなれるだろうと、とりあえず体験授業を受けてみることにしたんです。

体験授業では、発声練習をしたり、受講生全員に役が振られてセリフを読んだりしたのですが、授業後に先生に呼び止められ、「入学するなら特待生として学費を免除してあげる」と提案されました。授業料が免除されるなら、あとは滞在する寮の費用をどうにかすれば、今の私の貯金でもギリギリ行ける。

「私、いますぐ行けるじゃん！」

そう思ったら、いてもたってもいられません。

「できるだけ負担の少ない部署の公務員になって、週末に趣味で劇団をやる」ことが、私の人生の最適解でした。大学に入ったのも、劇団を旗揚げしたのも、すべてはその目標に向けてのものです。

しかし、「そうしている間に人生が終わったらどうする？」「やりたいことを全力でやらなかったことを後悔しないか？」という気持ちも常にありました。

そして私は、結局、最適解ではないほうを選びます。

大学には退学届を出しました。もう戻ってくる気はなく、代アニの1年間で何もできなかったとしても、2年でも3年でも東京でがんばるつもりだったので、休学という選択肢はありませんでした。親に相談したら絶対に反対されるのはわかっていたので、保護者の署名欄は、父の筆跡を真似て自分で書きました。

大学は2月になると春休みに入るので、1月中に退学届を受理されなくては、という焦りがありました。代アニの体験授業から退学届の提出まで、1週間の出来事です。

両親には、上京する直前になって打ち明けました。

「お話があります。今から東京の代々木にある学校に行きます。大学はもう退学しました」

両親は大反対でした。

「君は病人でもあるし、東京にやるなんてとんでもない」

父の言い分はもっともです。しかし、私はもう決めてしまっています。それに、反対するも何も、もう大学はやめていました。

「今しかない。これだったら私にもできるかもしれないんだ！」

言い出したら、きかない娘なんです。

両親は私を説得するよう、M先生にまで泣きつきました。

私は両親に言ったことと同じことを先生に言いました。先生を説得したのは私でした。だって私たちは気が合うんです。気持ちをわかってくれないはずはないと思っていました。

M先生は、東京の大学病院の旧知の医師に私の診察の引き継ぎを頼んでくれました。さらに、当面のお小遣いまでくれたんです。

両親は「話が違う！」と。

結局、「最後まで反対していたら邑子が家に帰りにくくなるから」と父が言い、しぶしぶ私の上京を両親とも了承してくれました。

しかし、いざ上京する日、母は「ついていって寮を確認する」と言い出しました。

「入寮日にお母さんがついてくるなんて恥ずかしいよ。みんなひとりで来るんだから」

そう言っても、母は譲りません。母としては、大都会にこの田舎娘を放り出すなんて、とても不安だったんだと思います。

私が入る代アニの寮は、西調布にありました。西調布というのは、京王線の各駅停車しか止まらない駅で、多摩川が近く、のどかな場所です。寮の周囲に畑と空き地が広がっている光景を見た母は

「岐阜みたい」

と言って、安心して帰っていきました。

校舎のある原宿を見せなくてよかった。

代々木アニメーション学院東京校　声優タレント科

代々木アニメーション学院の寮は都内に数多くあって、誰がどの寮に入るかは応募

順で決まったと聞きました。

学校の校舎が都心部の代々木や原宿にあるので、応募が早かった順に都心に近い、初台寮、幡ヶ谷寮……と順に決まっていったようです。基本2人1室で、男子寮と女子寮にわかれているのですが、最後の、学校から一番遠い西調布寮だけは男女混合の寮でした。応募が遅かった生徒たちが、この西調布寮にまとめて入れられました。

私は秋田から上京した女の子と同室です。男女混合のうちの寮だけ、規制を厳しくするために「自主管理チーム」という寮生の門限などをチェックして見まわりをするチームが作られました。月に3万円のお給料が出るというので応募して採用されました。管理チームは男子3人、女子3人の編成です。親は私がバイトをしなくてもすむように仕送りを約束してくれたんですが、月にプラス3万円は欲しいところ。学校の先生も交えての初めての管理チーム会議で、寮長と副寮長を決めることになり、立候補を募ったら男子生徒がひとりだけ立候補しました。「なお、寮長と副寮長はプラス5000円が支給されます」と先生が言い終わるかどうかのタイミングで「はい!」と、食い気味に手をあげた私が、副寮長になりました。本当はこの5000円を言わなくても立候補する生徒を待っていたのでしょう。

門限までに部屋にいるかどうかの確認、点呼が主な仕事なので寮のメンバーとの交

ベッド完備と聞いていた寮の部屋に、文字どおりベッドの枠組みしかなくてふてくされた夜。

月給3万5000円は貴重。西調布寮の副寮長を務めました。

流も増えて楽しかったです。一応、男女交際禁止ですが、102号室のWくんの部屋に304号室のNさんがいたりと、そのへんは「それぞれの部屋にいたことにしておきますね」って感じで、ゆる〜く管理していました。

初めて声優科の授業を受けた日のことを覚えています。

代々木アニメーション学院声優タレント科の生徒は、この学年だけで、全国に2000人いると先生に聞かされました。

東京校の声優科のクラスは、50人×16クラス、合計800人の生徒がいました。東京校以外にも、大阪校、名古屋校、福岡校、仙台校、札幌校があったので、先生の言うとおり、合計で2000人くらいいたのでしょう。

「この2000人の中で、ひとりか2人しか声優になれないからね」と、初日の講義でいきなり太い釘を刺されます。えっ……就職率99%は!?

声優が2000人ずつ毎年増えていたらたいへんです。他にも声優の専門学校はたくさんありましたし、卒業生の就職率は、さすがに99%じゃないだろうとは思っていましたが、先生の言う倍率には震えました。

『新世紀エヴァンゲリオン』や『美少女戦士セーラームーン』をきっかけに声優ブー

ムが始まっていたことと、私たちがちょうどベビーブーム世代だったことも関係していたのでしょう。今は減りましたが、当時、代々木アニメーション学院は声優科だけで、原宿に3つの校舎がありました。

代アニでは歌唱の授業も少しだけありました。

私が代アニにいた頃は、まさに声優業界の過渡期のような時期で、声優タレントや声優アイドルと呼ばれる人たちが注目されはじめ、若手声優が声優雑誌にアイドル然と掲載されるようになってきていました。私たちが在籍していたのも声優「タレント」科です。現在ほどではないですが、声優が顔出しをして歌を披露する時代は、すでに到来していました。

ある日のこと、授業後に先生に呼び出され、「ラジオに出てきなさい」と唐突に告げられました。代アニの女子生徒2人でラジオをやるのだそうです。このラジオは、放送エリアが限られた地域密着のコミュニティ放送で、番組内容は、自分の好きなCDをかけたり、おしゃべりしたりする気楽なものでした。

……がしかし、原宿にあるガラス張りのラジオブースからの放送だったので、ブースの外には〝カメラ小僧〟と呼ばれる人たちが集まっていました。〝アイドルの卵〟

である私たちの写真を撮るために。私は、肌は汚いし、太っていたので、写真を撮られるのは本当にしんどかったです。一緒に出演する相手がとてもかわいい子だったので並んで座っているだけでも苦痛でした。カメラ小僧の皆も心なしか彼女ばかり写している気がします。撮られるのは嫌だけど、自分だけあからさまに撮られないのも悲しい！　でも撮られたくはない！という、複雑で切ない時間でした。

この街頭ブースでのラジオは何度かやらされました。

そんなことを繰り返すうちに、生徒数人でグループを作って、トークショーや声優雑誌のグラビアをやる企画が持ち上がりました。グループの名称は「代々木アニメーション学院パフォーマンスドール」、略して「ＹＡＧＰＤ」。

私は授業後のＰＤ稽古に呼ばれても何かと理由をつけて参加しませんでした。だって私だけ太っているし、私だけ肌が汚い。他のメンバー、７人くらいいたかな？　細くてかわいい彼女たちと並ぶだけで辛い。

先生から「後藤はどうして来ないんだ！」と何度も叱られるうちに、もう、サボる言い訳を考えるのも面倒になってきて、「顔をさらして人前に出るのがどうしても嫌なんです！」と訴え、すべての活動を断りました。

それからは平穏な、ただ演技だけ勉強すればいい学生生活が戻ってきました。

この頃の私。163センチまで伸びた身長と相まって、リフトをする人はたいへんだったと思います……。

演劇をやっていたのに人前に出ることを嫌がるなんて意味不明かもしれません。でも演劇の舞台は客席から遠いのです。それならセーフ。でもタレント活動は近い。これはアウト。至近距離で写真を撮られる。これは致命的にアウト。ニキビは青春のシンボル、なんて爽やかには受け止められなかったです。「ステロイド痤瘡」、こんないかつい単語が青春のシンボルにはなりえない。この自意識は、自分でもなかなか、どうにもできないものでした。

当時、好きになってくれた男子生徒が私のコンプレックスを見かねて「ピカピカのカローラより、傷だらけのジープが好きな人はいるよ」と言ってくれたことがありました。

……ねぇ、もうちょっと適度な車なかった？　ジープなの、私？と思いましたが。フォローありがとう。

代アニの授業は1年間で、最後に卒業公演があります。私はヒロインに抜擢されましたが、当時の私の体重は68キロ。どうせ薬の副作用で太るんだからと、まったくダイエット意識がなかった私の怠慢が招いた体重です。身長も中学生の時よりだいぶ伸びていたので、まぁ、こんなもんだろうと思っていました。

……が、用意された衣装が入らなかったのです。

先生たちもまさか私がこれほどの体躯であるとは思っていなかったのでしょう。急きょヒロイン用のドレスのウエストがゴムに変更されました。この衣装は露出が多くて嫌だったけど、1日だけだと自分に言い聞かせてがんばりました。私以上にがんばったのは相手役の男子です。一緒に踊るシーンに、まさかのリフトがありましたから。この時ばかりは申し訳ない気持ちがこみ上げました。彼は私より華奢でした。いっそ代わってあげたかった。

余談ですが、それから約1年後、すっかり忘れた頃、声優雑誌でYAGPDが特集されていました。雑誌を開くと、よく知ったメンバーたちが、ビキニグラビアを披露していました。断るのがもう少し遅れていたら、私のこの樽のような腹が誌面に載っていたのかとゾッとしました。みんなはさすがに細くてかわいかったです。

フォローというわけではないですが声優科以外は、就職率が100％の科も多くあったそうです。特に絵を描く科、アニメーター科や背景美術科は全員就職したと聞きました。声優科も、希望者のほとんどは、各々の希望する養成所に進学して行きました。就職・デビュー・進学率と考えれば、たしかに99％くらいだったかも。アニメやマンガのセリフを借りるなら、「私たちの冒険は始まったばかり」。望む方向にスタートさせてくれる学校でした。

第3章

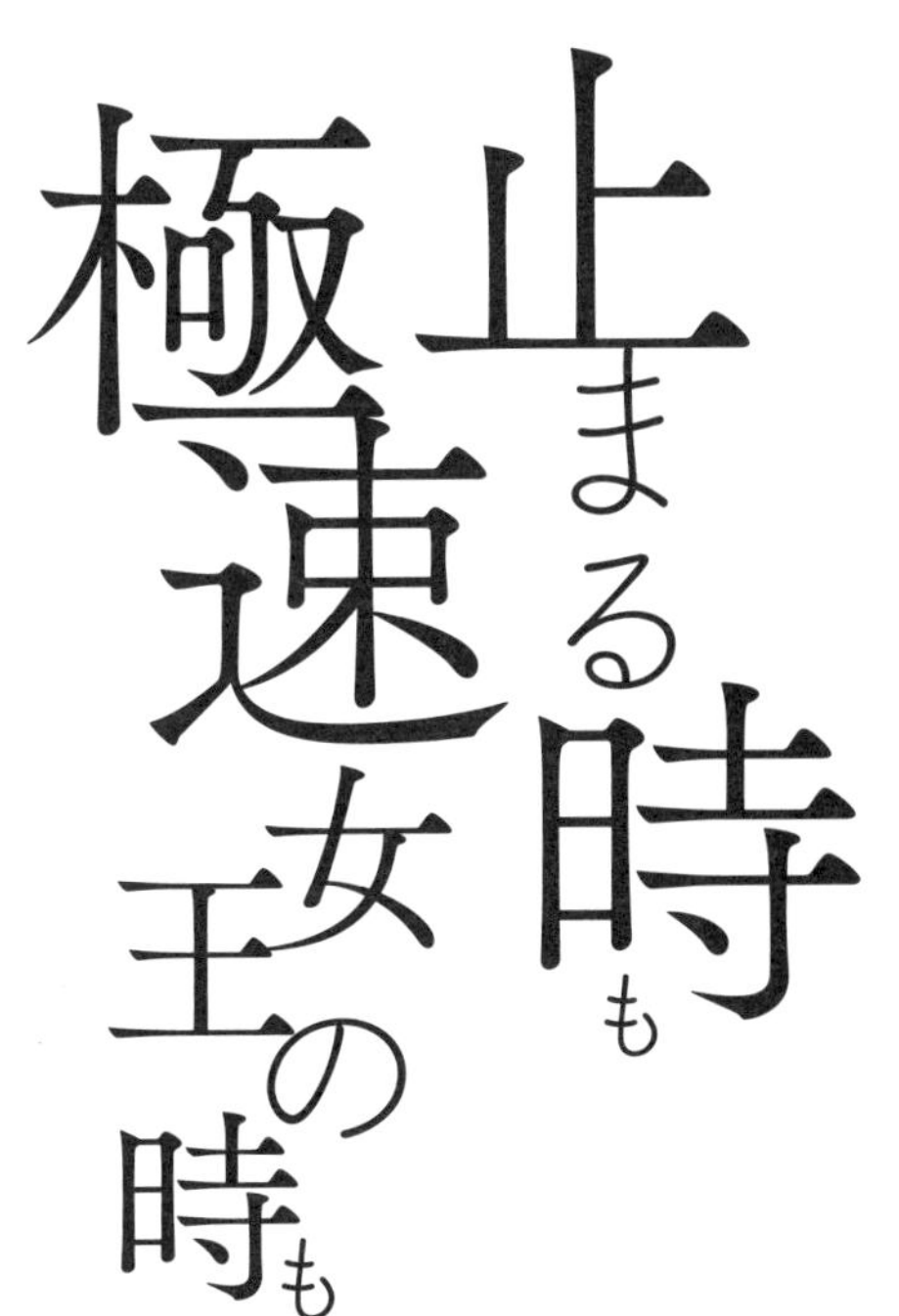

病める時も

代アニを卒業後、洋画の吹き替えをメインに活動している老舗プロダクションの養成所に入りました。しかし、それから間もない5月、突然、3歳年下の妹が亡くなったのです。

〰〰 妹

妹は、自分で口にしたことはたいがい実現させます。地元の大学を薦められても、自分の希望を譲らず、第一志望の関西の大学に合格し、入学しました。そういったところも私たち姉妹は似ていたのかもしれません。3月に帰省した時に、「合格おめでとう」と言ったばかりです。

妹は私と違って持病はなく、健康でした。しかし、寮の部屋で寝ている間に心不全を起こし、朝には息をしていなかったそうです。健康な人にも起こる可能性があることだと、医師に説明されました。

両親が車で引き取りにいくと言いましたが、父の従兄弟が「おれが運転する」と、両親を乗せて、関西まで妹を迎えに運転してくれました。その日は親族じゅう、誰も私に連絡する余裕がなかったのでしょう。私に電話をくれたのは遠い親戚のおばさんでした。

「邑ちゃん、落ちついて聞いてね。ちいちゃんが亡くなったの」

文章にするとわかるのに、なじみがなくなっていた尾張弁の、真ん中におかれるアクセントに勘違いして、「いなくなった？　どこに？」と返しました。「違うの、死んじゃったの！」とおばさんが叫びました。「いまお父さんとお母さんが、とっさんの運転で大学に向かっとって……」

その後はもう何を話されたのか覚えていません。取るものもとりあえず実家に急ぎました。


お葬式の日、棺の中で化粧をほどこされて花に囲まれた妹の顔は綺麗でした。母の弟、叔父さんが式の様子を写真に撮ってくれていました。ご遺体だけは撮影しちゃだめです、と葬儀会社の人に言われたため、母が「描いて」と私にスケッチブックを渡してきました。何をやっているんだろうと思いながら、無心で妹の顔を描きました。

私は喪服を持っていません。お葬式に参加するのが初めてだったので、洋服の決まりも知りませんでした。何も持たずに帰ってきたので、実家にあった昔の私の服、妹の服、母の服の中から、黒いワンピース、白い半袖のカーディガン、黒い編み上げブーツを選びました。いろいろお葬式のルールに則していない格好だったみたいです。でも洋服なんてなんでもかまわなかった。

近所の人たちと、妹の友人たちが大勢集まってくれたので、お焼香の時間がとても長くなりました。お経をあげる住職が途中で弟子を呼んで交代して帰ったくらい、長くなりました。

その後、火葬場に向かいます。この地方だけの慣習でしょうか、子どもが亡くなった時に、親は火葬場に行けません。だから火葬場に行って骨を拾う喪主は、私がやりました。

火葬場の炉からは、棺も、当然、飾られていた花も燃え、お骨だけが出てきました。若いから、真っ白で、どこも欠けていない、綺麗な標本のような骨でした。

子どもの火葬場に親が行けないというルールは必要なのかもしれません。今は穏やかに思い出せますが、当時はショックが大きかったです。

渡された長い大きな箸で、骨を拾って骨壺に入れていきます。自宅に持ち帰り、お墓に入れるための骨です。できるだけたくさん連れ帰ろうと「もうそのくらいで」と係員に止められるまで、私たちは拾いました。

お骨に彼女はいない。今はそう思っています。

でもその時は、いる気がしていました。こんな火葬場なんかに、ひとりで置いていてい

子どもの頃の妹と私の1枚。この後、妹は私よりも身長が高く、しかも細く成長します。それを「ずるい！」と言えるくらい、仲の良い姉妹でした。

告別式。白い半袖の服で。

くわけにはいかないと、懸命に拾いました。

お墓を作る

お墓を作らなければなりません。

我が家で、初めてのお墓です。

墓地の区画はあります。墓石は隣町の石屋さんに注文するのだと教えてもらいました。

考えていたことがありました。棺の中で花に囲まれた妹を見た時に、花に囲まれた状態は慰められるなと思いました。見ているほうがです。

もう何もしてあげられることがないなかで、何かしてあげたい気持ちをほんの少し叶えてくれるものでした。

私は昔から、お盆の時期のお墓が好きでした。ぼんぼりが灯って、どこのお墓にも綺麗な花が咲いていて、墓地全体が明るく見えます。

シーズンオフはさびしい場所に見えました。花はみんな枯れてしまっているから。

だったら、お墓に花壇を作ろう。どんな季節でも花に囲まれるように。お墓の石段

自作の設計図をもとに作ってもらった妹のお墓。どの季節も花に囲まれています。

のどこか一部分に花が植えられる場所を作ろうと思いました。

石屋の主人にお願いしたら無理だと断られましたが、自作の設計図を出して粘るとしぶしぶ承諾してくれました。

晴れた日にお墓は完成しました。花を植えました。かわいらしい花壇です。

花に囲まれたお墓を見て、ほっとしました。

お墓は残された人たちのためのものです。そこで想うことも祈ることもできる。

私は私の自己満足のために作りました。妹に何かしてあげたい気持ちをほんの少し満たすために、季節ごとに花の植え替えをします。

後日、石屋の主人にお礼を言われました。あのお墓のデザインは人気が出たのだそうです。似たような想いを抱えた人が多かったのかもしれません。

毎日、泣いてるか、怒ってる

その頃の私は、代アニの西調布寮を出て、東京でひとり暮らしを始めていましたが、喪失感で何も考えられなくなりました。一日中ただ怒って泣くばかり。養成所にも行かなくなりました。放っておけないと思ったのでしょう、代アニ時代の友人たちが代わるがわる私の部屋に来て面倒をみてくれました。

そんななかでも私は荒れていました。ちょっとしたことが、日々、気に障ります。神経が剥き出しになっているような感覚でした。世話をしてくれる友だちのほんのちょっとの不用意な言葉にも泣いて噛みつきました。皆の優しさを当然のように受け取って甘えていたのです。

知らない人と喧嘩になったことも多かったです。路上でも、どこでも。少しの不快にも耐えられずに「なんでお前みたいなのが生きてるんだ、生きてるべき人間が死んでるのに」と怒りをぶつけました。理不尽で非常識です。その人にだって、その人を大切に思う人がいるだろうに。

自分の態度はおかしいと自分でも思いながら、止められませんでした。毎日、泣いてるか、怒ってる。

当時、私の面倒をみてくれた友人たちは今でも「あの時の私らは天使だったぞ」と言います。事実そうだったんでしょう。思い出せる範囲でも、私は弱っちい暴君でした。

引きこもり状態になっていった私も、法事で愛知の実家に戻ることはありました。でも、本当に悲しい時って、痛みも分かち合えないのです。妹の話をしても、少しでもお互いの記憶がズレているだけで喧嘩になってしまう。小さなどうでもいい要素でも、それは大事な人の人生の一部だから譲れないし、相手の間違いを正さずにはいられない。そうお互いが思っているから、どこも折り合えず、討論は終わらず、最後はどちらも泣き叫んで収集がつかなくなりました。一緒にいるほうがつらい。

鬱々と、どうしたらいいのかわからないまま、時間が過ぎていきました。

こんなにもずっと、痛みが薄まらず、悲しくて、恋しくて、腹が立って、途方に暮れるのか。

ある時から、私は、うろうろし始めました。

どこにいても居心地が悪くて、地元でも東京でも、私の神経はピリピリしていて、誰かといると衝突してしまうんです。ほっといてほしいのに、誰かが「面倒みなきゃ」って近くにいてくれて、それも申し訳ないけど居心地が悪いんです。

遠くへ行きたい、せめてもうちょっと傷が癒えるまで、誰にもかまわれたくない。誰も自分を知らない場所に隠れて、冬眠みたいにして過ごしたいと思っていました。

ある日、思い立って地方の温泉地に行きました。放っておいてもらえるからです。衣食住の面倒を見てもらえて、かつ、誰からも干渉されずにいられる。自分がただの、よそ者になれる場所は当時の私にはマシな環境に思えました。

さらに温泉に入るとその時だけでも気持ちが楽になりました。温まるのは身体にも心にもきっとよいのですね。泣いても目立たない。人の少ない、少し廃れた温泉地をうろうろと巡っていました。


三回忌を過ぎた頃、悲しみは少しずつ、静かな悲しみに変わっていきました。

そうして気持ちが落ちついてくると、今度は、周囲の妹に対する「かわいそうに」という言葉に、無性に腹が立つようになってきたのです。

彼女の告別式には大勢の友だちが来て、女の子も男の子も泣きじゃくっていました。

私の妹は友だちが多くて、行きたかった大学に行って、好きなことに熱中して、毎日楽しそうで、それは見事な人生だったんじゃないかって。

それを、ただ「短かった」ってだけで、かわいそうとしか思わないのは失礼だろう、と考えるようになったんです。

それからですね。私の生活も少しずつ変わっていきました。

外に出るようになりました。人と接したいとも思うようになりました。

もう一度どこかの養成所に入ることも考えました。が、どこも入所時期は過ぎてしまっていたので……、私は、バイクの合宿免許教習に申し込みました。

姉ちゃん、免許取るわ

チラシを見たのは偶然だったんです。スーパーのサッカー台によく積んである、免許の合宿教習の、いろんな教習所がまとめて載っている薄い冊子です。

私も妹もバイクが好きでした。高校生になれば誰もがもれなくバイクに乗り始める地域で育ったせいもあります。『AKIRA』が好きだったこともあります。

2人しておばちゃんになって、暇になったら、ツーリングでもしていたかもしれません。もうそれは叶わないけど、共通で好きだったものを、いま手に入れてみようと思いました。

さいわい養成所に払う予定だった授業料も手元にあるし。

「姉ちゃん、免許取るわ」

こうして私は、国内最安の免許合宿に申し込みました。

免許の合宿教習って、どんなイメージでしょうか？　たいていの教習所パンフレットには明るいリゾートのような景色の写真が使われていたりしませんか？　おいしそうな食事、和気あいあいとした授業風景、清潔感のある寮舎。あれは嘘です（※ただいま不適切な表現がありました）。

でもそれがマボロシだとしても行く価値は大いにあります。教習費が圧倒的に安いからです。そして、よほどの問題が無ければ、運転ができなくても免許が取れるからです（※ただいま不適切な表現がありました）。

あと、胆力さえあれば、その境遇を逆に楽しむことができるからです。ちょうど私は、気持ちがまだ不安定な時で、毎日、何かをやるスケジュールがある状況は楽でした。いったん、心が潰れてしまった後、回復している最中だったからかもしれませんが、何があっても平気でした。どんな経験も笑ってしまえました。日々がカルチャーショックの連続で、めちゃくちゃな2週間でしたが、今も私の中に残る〝愛しき日々〟です。

その日々を描いたマンガに「ヨロシク　トゥモロー」というタイトルをつけました。不適切な表現満載となっておりますが、よろしければ少しご覧ください。

教習所のことは文字で説明するより、教習所の日々を描いた後藤邑子作・マンガ「ヨロシク　トゥモロー」第1話をご覧ください(横にして読んでください)。

何もかもが予想と
大幅に違ったけど
あらー（先生）
バイククラスは女子
いないんだねー
忘れられない
夏休みが
始まりましたーー。
ヨロシク
トゥモロー
作・後藤 邑子
今、疾走する、
止まらないティーンエイジ・ラヴ！
初日は授業はなく、
説明会の後、ご飯を
食べて解散です。
先生の顔のキズが
生々しいけどスルーします。
バイキング形式だから
各自、食券を云々‥
ヴァイ
キング!!
食堂
わいわい
ガヤガヤ
もらった
食券を手に
ばーいきーんぐ
茶
キャベツ
シーチキン
米

オレ達ら
家畜か。
実話。
学校は
イキッた
若者達の心を
「メインがシーチキン」
という初日のメニューで
叩き折りました。
スッ
どれほど
吠えようと
しょせん
庇護のもと…か
ザッ ザッ
こわっぱ
学生どもが
しょうゆ
ちー
シーチキン
ボタリ
すっ
わりと
イケる!
強えっ!!
!?
うえええええん
ちくしょー
覚えてろよ
一日も早く
出てってやるっ!!
エサか?!
エサだろ!?コレ
社会人(おとな)の貫禄を
見せつけた昼。

さて、宿に向かいましょう。
宿舎は費用に応じて3種類。
※見たことないのでイメージです↓
①ホテル（一人部屋）
②民宿（二人部屋）
③寮（六人部屋）
もちろん寮。
おい―!新入りか!!
あ!ゴキ
ブ…
いたんだよ いたんだよ
50匹くらい走ってったんだよ今っ
見た？
さあ？
帰りーたいー帰れーないー
風呂入るよー!!
一人10分な
え？
一時間しかお湯出ないんだ
このクソ合宿
はい終了～!
くわっ
不可能!!!
ほう。
ぎゃあああ

そんなこんなで、のちのグラビア撮影ではたくさんのバイクと一緒に撮ってもらえました。

第4章

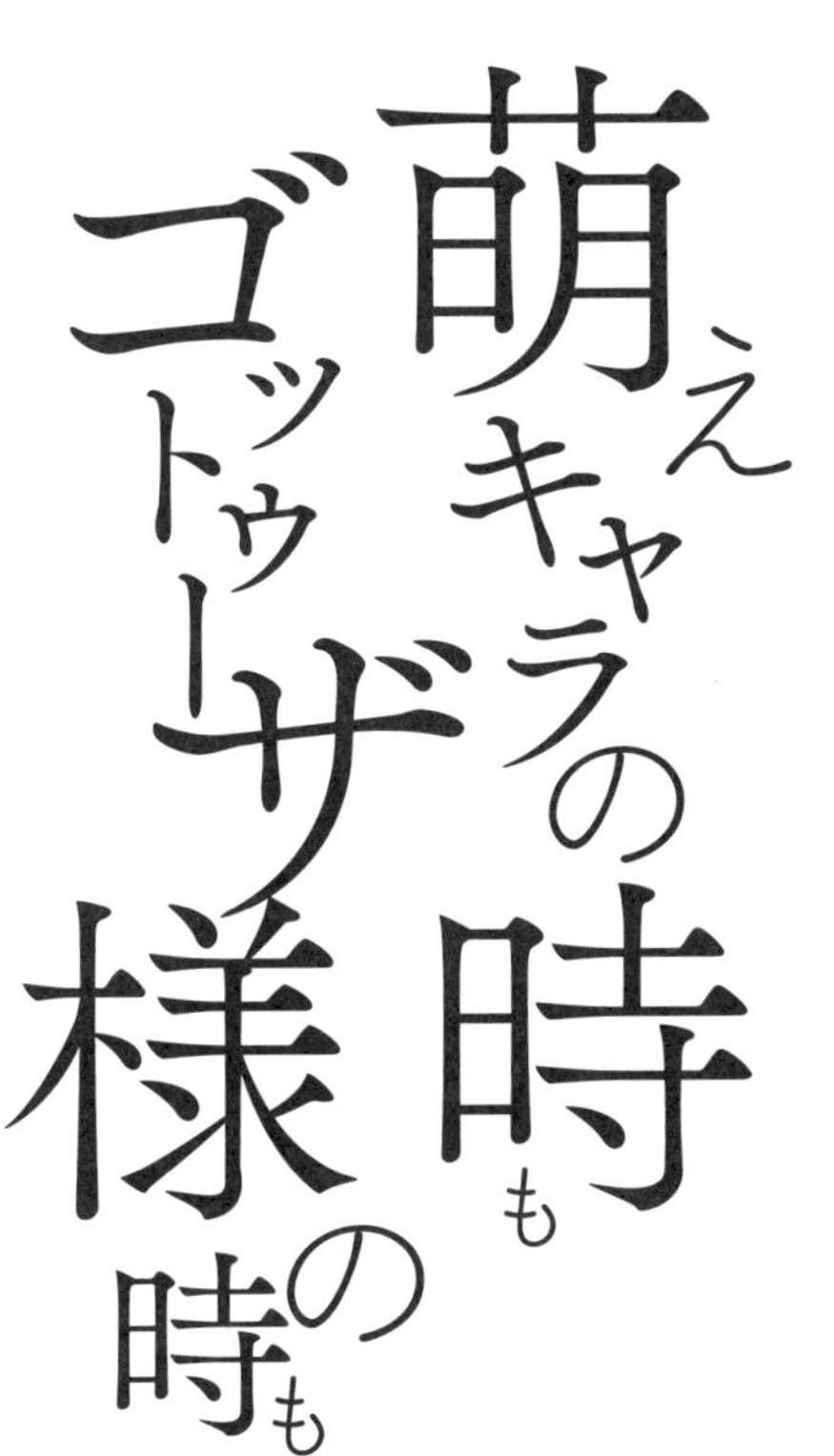

病める時も

事務所に入れてもらえませんか

無事にバイクの免許を取得した私は、あらたにスタートが切れた気がしました。何より、久しぶりに楽しかったんです。「やりたいことを躊躇せずにやろう」と思っていた自分が戻ってきたような気がしました。

妹の死を乗り越えた、というのとは少し違います。妹のことは、これからも引きずっていくんでしょう。「いつまでも引きずる」というのは一緒にいる感じもして、嫌いではないです。

私は、声優事務所「株式会社ぷろだくしょんバオバブ（以下、バオバブ）」に電話をかけました。時期は秋です。もちろん養成所の生徒募集の期間は過ぎています。

「すみません、養成所に入りたいんですけど」

の第一声に、

「生徒の募集は来年の2月以降です」

と返されました。それはわかっています。

「じゃあ、事務所に入れてもらえませんか？」

私の言葉に相手もギョッとしたようでした。非常識だという自覚はありましたが、妹を失ってからの数年間、自分の時間も失ったように漂っていた私には、怖いものがありませんでした。当たって砕けたところで死なないと思っていました。

「迷惑だと叱られたらどうしよう」などといったストッパーも頭になかったです。叱られたらまた別の事務所に電話しようと思っていたくらい。本来、ルールを破ることに抵抗を感じにくい私は、この時、よくも悪くもバーサーカー状態、いわゆる無敵の状態でした。

「あなたは、どこかで声優をやっている方ですか？」

「いえ、しいて言うならフリーターです。でも、代々木アニメーション学院を卒業しました」

これは話にならないヤツが電話してきたぞ、と先方も戸惑ったようですが、幸いにもこの時に電話応対してくれたのが事務所の部長でした。

「じゃあ僕宛に履歴書を送ってください」と融通を利かせてもらえて、履歴書（今度は中国服じゃないです）を送ったところ、「一度、事務所に来なさい」と例外的にオーディションを受けることができました。

当時の「バオバブ」には養成機関として、養成所「バオバブ学園」があり、そこに3年間通ったのちに、「バオバブ・マスコミ養成講座」という2年間のコースに入り、その後のオーディションを経て所属声優になるのが通例でした。私はマスコミ養成講座の1年生として秋から編入されることになったのです。

その際に事務所からは、プロフィールの年齢表記をどうするかも聞かれました。

「年齢、何歳にする？」

「何歳にする、とは？」

往年の声優業界には、年齢などの個人情報を正確に公表する習慣があまりありませんでした。現在ではタレント業化しているので勝手が違いますが、この頃、老舗の事務所には往時の名残りがありました。オリジナルの生年月日を設けることもできますし、実年齢を公表することもできます。

「非公開って、できますか？」

「それもできるよ」

こうして私のプロフィールは「年齢非公開」になりました。話の端々から滲み、私の年齢はわりと周知されているようですが、様式美を貫きます。

声優業界には冗談半分でですが、「永遠の○歳」や「設定年齢」という言い回しもあります。おおらかな、特有の文化かもしれません。

「うわ〜、すごいの選んじゃった」

私が編入された「バオバブ・マスコミ養成講座」は、希望者全員が入れる専門学校ではありません。入所のためのオーディションをパスしたメンバーだけで構成された、即戦力を育てる場です。現役の声優や音響監督が講師を務めていました。アニメや洋画のVTRを流し、台本を持ってマイク前に立ち、声を当てる。そういった実践的なレッスンを受けながら、作品のオーディションをもらったり、事務所の先輩たちが出ている作品に端役で出演させてもらったりします。キャリアを積むと指名でいただくお仕事も増えますが、基本的には、オーディションを受けることが、お仕事をいただく第一歩です。

声優のオーディションは、まずクライアント（作品制作サイド）から声優事務所にオファーが届くことから始まります。ひとつの事務所からオーディションに出せる人数は、ある程度決まっているので、所属声優の誰を出すかは事務所サイド、主にマネージャーが判断します。クライアントから「○○さんにこの役のオーディションを受けてほしい」と打診される指名オーディションもあります。案件によっては、歌唱、顔出しイベント出演の可否なども条件に含まれるので、そのあたりも考慮されます。

条件が合致したなかで選ばれた所属声優、もしくは養成所の生徒がオーディションを受けにいきます。

オーディションの際は、キャラクターのイラストと詳細な設定資料、そしてセリフの書かれた台本がもらえます。通常のセリフ、笑ったセリフ等、5パターンくらいのセリフを聞いてもらうのが一般的です。

1999年、養成所に入って1カ月後、初めてアニメのオーディションを受けることになりました。ヒロイン役でオーディションを受け、女の子のような男の子・桜井兼人役で受かりました。『イケてる2人』という作品です。ビギナーズラックです。そもそも事務所から事務所からオーディションに出してもらえたことがビギナーズラックでした。事務所からオーディションに出せる人数は限られているのに、その限られた枠のひとつを、得体のしれない「直談判してきたヤバいやつ」に使ってくれたのですから懐が深い。

収録本番では、キャスト一同がスタジオに集まり、はじめに映像を流して全員で見ます。この、一度の流し見で、各キャラのセリフのタイミング等を正しくチェックできるセンスが求められます。映像を見ながら各自、台本に注意事項を書き込み、その後はもう、マイク前でのお芝居が始まります。この初回のお芝居は、通常「テスト」と呼ばれます。

私が初めて参加した回の出演者は5人で、スタジオのマイクは3本でした。マイクは人数分あるわけではありません。キャストはかわるがわる協力してマイクを使います。さっき入ったマイクにもう一度入りたいと思っても、他のキャストが使っていたら、別の空いているマイクを見つけて入ります。できるだけ自分とセリフの前後がカブらないキャストの入ったマイクを選んで入るのも、アフレコをスムーズに進めるうえでの暗黙のルールです。そして、レコーディングされる「本番」のお芝居では、「テスト」で入ったマイクと必ず同じマイクに入ります。誰かひとりが入るマイクを間違えると、そこから全員のプランがくずれてしまうからです。この、演者全員でマイクを共有する作法は、業界用語で「マイクワーク」と呼ばれます。

初めて経験したアフレコ現場はまさに、玄人の集まりといった雰囲気がありました。そこに素人がひとりだけ紛れ込んだのです。しかもこの、私が初参加した回のタイトルは、

「みんなのアイドル、桜井くん♥パォ」

つまり桜井くんのメイン回だったため、セリフが致命的に多いなかでの、私のあま

りの「マイクワークのできなさ」に現場は混乱し、制作サイドから「養成所生？」と聞かれました。「はい。先月から」と答えると、「うわ～、すごいの選んじゃった」と苦笑されました。でも、ここまで徹底してできなかったからでしょうか、スタジオの皆さんもつい笑ってしまって、叱られることはなく、むしろ優しく面倒を見てもらえました。初めてのアフレコはまったく成功ではないけれど、楽しい経験になりました。

だいたいのアフレコ解説

せっかくですので、アフレコのハウツーをアバウトに語ります。声のお仕事に興味のある人は読んでみてください。

私のデビュー時と違い、今は収録日より前に映像データがもらえることが多いので、あらかじめ家で台本と映像をチェックし準備を整えます。使われる映像の多くは完成版ではなく、部分的には絵コンテです。その映像の中に「ボールド」といった、キャラクターがしゃべっている状態を示す印が表示されます。その印が出ている時間が、完成版ではキャラの口が動いている時間なので、ピッタリのタイミングになるようにセリフを吹き込みます。

本番収録前のテスト収録で、キャスト同士、お互いが入るマイクや、別のマイクへ移動する動線を覚えます。さきほども私の経験をお話ししたとおり、だいたい3本から4本くらいのマイクをかわるがわる使う、この「マイクワーク」が、新人の頃に一番苦労するポイントだと思います。複数の声優がマイク前で入れかわり立ちかわり動きながら、セリフを言い、言い終わったら、無音で身をひく。スムーズにできるよう、自分だけでなく、他のメンバーのおおまかな動き方もテストの段階で把握しておくため、入ったマイクや、マイクを譲るタイミング等も台本にメモします。前述しましたが、収録本番では、テストで入ったマイクと必ず同じマイクに入ります。

マイクワークは慣れてくると平気ですが、新人のうちは正直、怖いです。養成所でマイク前のアフレコを習っていても、いざ現場に行ったらマイクに入れなかった、なんて経験はよく聞きます。

私も、先輩がマイク前にいるとどうしても遠慮して、入り損なったりしました。先輩は「私が（マイク前に）残っていたら、遠慮せず押していいよ」と言ってくれるんですが、それはなかなか難しい。マイクに入れずにウロウロしていたら、ベテランの先輩が私をグイッとマイク前に押し出してくれたこともあります。

マイクに入り損なうほうが結果的に迷惑をかけてしまうので、以来、間に合いそうにない時には、相手が誰であろうと押して入るようになりました。反対に、私が後輩に押されても腹を立てることはありません。アフレコ現場では、キャスト同士のチームワークも求められます。

スケジュールの都合などで収録日に参加できず、ひとりだけ別に収録することもあります。このケースは「抜き録り」と呼ばれます。解説おわり。たぶん合ってます。

正統派ではない「耳に残る」声

次のビギナーズラックは、恋愛シミュレーションゲーム『Love Songs アイドルがクラスメ〜ト』でした。マネージャーが私をオーディションに出してくれたのですが、私が受けたのは、あろうことか、実力派歌手という設定の正統派ヒロインの役でした。「実力派の歌手!?」。オーディションは、セリフのみです。「これ、万が一、受かっちゃったらどうするの？」と、私は受ける前から、図々しい心配をしました。杞憂だったようで、私は歌うまでもなく、すぐにそのヒロイン役の候補から外れたそうです。

その時に「ちょっと残って、別の役を受けてみてください」と言われました。新しく、天然ボケのグラビアアイドルの女の子役の設定資料をいただき、結果、その子、双葉理保役で合格しました。

私をキャスティングしてくれたプロデューサーの岡島信幸さんに理由を聞くと、「後藤さんの声は正統派じゃないんですけど、耳に残るんですよ。だから違う役なら合うかもと思ってお願いしました」と言われました。「耳に残る」って、うれしい言葉です。正統派かどうかは置いといて。

理保ちゃんはこのゲーム以降も、様々なゲームに出演し始めました。天然ボケの彼女はプレイヤーたちにとって親しみやすかったのかもしれません。スポーツゲーム、格闘ゲーム、ダンスゲームなどなど、さらには歌も数多く歌って「キャラクターソングアルバム」まで発売されることになります。それも2枚も。歌が得意な人が多い声優のなかで、私はなかなか珍しいレベルの歌唱力の低さだったようです。レコーディングを担当した音響制作会社の社長さんは、私のレコーディングがきっかけで、音程を直す音響機材の上位機種を購入したと聞きました。どうです、この逆武勇伝。

このゲーム『Love Songs』が発売された、2001年4月、私は正式に「ぷろだくしょんバオバブ」に所属しました。その際も、事務所には病気のことは伝えていませんでした。「病気のせいでキャスティングしてもらえないかも」と思うと、秘密にしておきたかったのです。

初めてのラジオ（なのにひとりしゃべり）

同じ時期にOVA『みずいろ』という作品でメインキャラのひとり、早坂日和役をいただきました。ゆっくり独特なテンポで話す、癒し系でかわいらしい「ぽんこつ」と呼ばれる女の子を演じるのは楽しかったです。この時、作品の制作サイドの方が、「後藤さんでラジオを」とオファーをくれました。日和ちゃんは、ふんわりとゆっくりしゃべる女の子です。見ているだけで癒されます。でも私が普段しゃべっている時は、同じ声なのにイメージがまったく違うのでギャップがおもしろいと言われました。基本、私は早口で、口数が多く、癒し系というよりワイルド系です。

「ギャップおもしろ」だけで、これだけ経歴のない新人によくひとりでラジオをやらせるなぁと、アニメイトの胆力に驚きながら、配信サイト「アニメイトTV」（現・アニメイトタイムズ）でラジオ番組がはじまりました。番組名は『後藤ラジオ』。アニメイトさんにタイトル考える人、いなかったのかな？

作品きっかけの声優ラジオというのは、番組そのものが作品紹介の一環です。聴いてくれる人たちもほぼ作品のファンに限定されます。この『後藤ラジオ』もOVA『みずいろ』から派生した番組なので、作品に関することをたくさん発信し、届いた作品の感想メールも多く読みました。スタッフも気さくで、リスナーも味方ばかり。自分を知ってもらう機会を、この優しい場所で得られたのは幸運でした。声優雑誌から取材され始めたのもこの番組、作品がきっかけです。

ただ、

「ヤンチャなエピソードを教えてください」

とか

「いままでどんな無茶をしましたか？」

とか、やけに偏った質問が多かったのを覚えています。どうやら私は「ヤンキー」疑惑をもたれていたようです。共演者からも「邑子ちゃんは絶対に元ヤンだと思ってた」と言われました。誤解されている。ただ育ちが悪いだけなのに。でも嫌いじゃない。

考えてみれば、当時、スタジオにバイクで通ってくる女性声優は珍しかったです。私の愛車はバイク好きの間では〝優等生〟と言われるCB400SFハイパーVTECです。変えたのはブレーキホースのみの、ほぼ純正仕様。でもバイクにそれほど詳しくない人が見たら、大きいヤンチャなバイクに見えてしまうのかもしれません。

そのイメージが払拭されないどころか、のちに、さらにひとり歩きして、特製の特攻服を作られ、CDジャケットの撮影をされる日も来ますし、自らすすんでヤンキー風セーラー服でPVを撮る日も来ます。台湾でのイベントに招待され、その特集を組んでくれた雑誌の表紙に「世紀末極速女王伝説　後藤邑子」のキャッチコピーが書かれているのを見て驚く日も近いです。

イメージのひとり歩きに歯止めがかからない！

さて、その『後藤ラジオ』はラジオCDも制作することになりました。ありがたいことです。ラジオ現場のスタッフとは距離も近づき遠慮なく話せる雰囲気になっていました。ジャケットデザインは「古い映画のポスターみたいにかっこよくしたらギャップがおもしろいですよね！」「いいですね、少し尖ったタイプのとか！　モノクロっぽいのもいいですよね！」とスタッフと盛り上がり、結果、「『バッファロー'66』をテキトウにオマージュしよう！」と方向性が決まりました。

『バッファロー'66』のポスターは、髭面のおじさん、ヴィンセント・ギャロと、セクシー美少女、クリスティーナ・リッチの顔のアップが並んだモノクロに近いものです。画像が粗いのがおシャレ極まりないです。皆で何かを作るのが私は好きなんだと思います。演劇部の公演や、学園祭のようで。アイデアを出し合って実現させていくのは特に楽しいものです。

さっそくラジオブース内で私の撮影が行われました。粗い画像なので私の自前メイク、スタッフの携帯カメラにて撮影。

「ニキビわかんないように写してください」

「大丈夫です。ともすると眉毛もわかりません」

「ならいいです（いいのか？）」

ってな感じのラフさで進みます。

「そうだ、後藤さん、あの気持ち悪いパンダの写真ありましたよね？　あれ使いましょうよ」とスタッフのひとりが言いました。

ラジオ内でも話した、私が幼かった頃に町内のお祭りに来て多くの幼児を泣かせた独特のパンダの着ぐるみの写真をジャケットに使おうというのです。

後日、出来上がったジャケットを見たら私がギャロでパンダがクリスティーナとして配置されていました。よくも騙したあ！

でも素敵なジャケットになったから満足。ガラケーのカメラの写真だけでよく作れたなぁと思います。しかし、問題はその後でした。

ラジオＣＤの発売記念にお渡し会イベントが開催されることになったのです。

「しまった！　これはイベントもついてくるのか」

ラジオＣＤを作っている時は、内容や構成、ジャケットデザインを考えることがただ楽しくて熱中していました。この時になって、初めてイベントがくっついてくることを知ったのです。

新人時代の私は、顔出しと歌唱をＮＧにしていました。キャラクターのイメージを大事にするために顔出しはしない、などのかっこいい理由ではなく、ただのコンプレックスです。自分の容姿に対するコンプレックスは根強く続いていました。「出ていったらいろいろバレるじゃない、ニキビとか、太ってるとか、で、ガッカリされちゃうじゃない」と思っていました。このラジオのイベントについては、事前に可否を尋ねられることはありませんでした。ラジオまでやっていて顔出しＮＧという声優はいなかったでしょうから、番組にともなうイベントは当然ＯＫ、というのが暗黙の了解だったと思います。

「しまった」とは思いましたが、実際に経験したお渡し会イベントは、自分に会いにきてくれた人がたくさんいるということがうれしかったです。

「でも近すぎる！」

例のパンダと『バッファロー'66』。クリスティーナの角度の私の写真を何枚も撮りましたよね、スタッフ?

会いにきてくれた人がいるうれしさと、近すぎる!という想いが交錯。どうですか、この腕の伸び具合。

せめて距離を取ろうと、腕をピーンと伸ばしてCDをお渡ししました。すごくうれしいのに、すごくしんどい。複雑な気持ちです。

事務所とは、顔出しイベントの不参加を徹底するよう、事前に確認することを話し合いました。

悪目立ちする声

この時期から、アニメ業界はあきらかに潮流が変わってきていました。メインキャラクターのオーディションを受ける際には、声優が顔出ししたり歌唱したりすることが、必須条件になる作品が多くなってきたんです。

顔出しや歌唱をNGにしていた私は、必然的に、受けられるアニメのオーディションはなくなっていき、顔出しの必要のない洋画の吹き替えが活動のメインになっていきました。

もともと映画が好きだったし、そのためにバオバブに入ったので、洋画の吹き替えの仕事は楽しいものでした。仕事の数自体は多かったです。特に新人時代は、大きくない役ではありますが、たくさんの現場に行きます。ドラマの吹き替えは1本につき半日、映画の吹き替えは1日かかります。自分の出番が少なくても終日、スタジオにはいます。仕事が終わったら急いで帰宅して、次の日の映画のビデオ、台本をチェックする。その繰り返しの日々です。

当時、吹き替えの現場は体育会系のノリがありました。理不尽ではなかったので、その雰囲気は嫌いではなかったです。新人のうちは、私も他の新人たちもよく叱り飛ばされました。本番の途中で役を降ろされたり、誰かが降ろされた役をいきなり振られたりすることもありました。一方でアニメの現場では、キャストが叱り飛ばされる光景を見たことはありません。どうしてもうまくできなかった子の役を別の誰かにやらせることも、現場として見たことはなかったです。

ある日、私は『未知との遭遇』のDVD版「デラックス・コレクターズ・エディション」で、主人公ロイの次男役をもらいました。「自分が『未知との遭遇』に関われるなんて！」と興奮したのを覚えています。この頃は「このまま経験を積んでいけば、いつかは大きな役をもらえるんだろうな」と、楽観的に考えていました。

しかし経験を積んでも、出演作はどんどん増えても、なかなか主役級の役はまわってきませんでした。養成所の後輩たちがドラマの吹き替えでメインをやり始めても、私は彼女たちの子ども役でした。よくキャスティングしてくれる音響監督たちから、しょっちゅう言われていた言葉は「後藤の声は使いづらい」でした。「クセが強いから、録っていて音が悪目立ちする。合うキャラクターが少なくて、メインというかそもそも大人役では使いづらい」と。思えば、どの音響監督から振られる役も、たいがい子ども役でした。たまに大人の女性であっても、風変わりな役。オリジナルの女優さんがすでに変な声でしゃべっている役です。

私がメインの役をもらえないのは、まだ新人で演技がうまくないからだと思っていました。実力がついてくれれば、いずれはメインを振られるだろうと。

でも、「声が使いづらい」のは、どうすればいいんだろう？　もともとの声のせいであれば、この先、どれだけ演技面で成長しても、私はメインをやらせてもらえないんじゃないか？

そう思うと落胆しました。クセの強い脇役を演じるのももちろん楽しいです。でも、物語を左右する立ち位置の、メインの役を演じたい。これは本音です。そのために、どう努力すればいいのかがわからない。努力の方向性がわからないのはしんどかったです。

そんな折、事務所の先輩であり、養成所でも特別講師をしてくれていた、たてかべ和也さんが

「声が悪目立ちするという欠点は、アニメでは武器にもなる。毒は薬にもなる」

と言ってくれたんです。

たてかべさんは、『ドラえもん』のジャイアン役（先代）として有名です。とても印象的な声なので、誰でもすぐに思い出せるのではないでしょうか。目立つ声を武器に第一線で活躍し続けている先輩の言葉には説得力がありました。「アニメだと目立つ声はひとつの武器なんだ、私の声もそうなれるかもしれないんだ」

また、事務所のデスクから「顔出しも歌もNGにしていたら、アニメのオーディションを何も受けさせてあげられなくなっちゃうよ」と言われたことも、ひとつの契機になりました。ここ数年で大きく変わりだしていたアニメ業界の流れを見極めての発言だったのでしょう。

顔出しに抵抗はありましたが、私の心は、にわかにアニメの方向に向き始めていました。だったら、アニメのオーディションを受けられる環境を整えなきゃいけない。

「顔出しも歌もOKにします。だけど、私が歌ったらエライことになりますよ（なにせレコーディング会社に音程修正機材を買わせたんですよ）」

と事務所に伝えました。

『ふたご姫』と出会う

そうして舞い込んだのが、アニメ『ふしぎ星の☆ふたご姫』(2005年4月放映開始)の主役オーディションでした。

『ふしぎ星の☆ふたご姫』のオーディションは、私が受けるより前に、一度実施されていたそうです。ところが、キャストが決まらず、いったん仕切り直しになって、再オーディションを行うことになったと聞きました。「以前のオーディションを受けなかった人を出してほしい」という異例のオファーでした。うちの事務所は1回目のオーディションで期待の若手を根こそぎ出していたので、今回の条件に該当する声優が少なく、私にもついに白羽の矢が立ったのです。「じゃあ邑子ちゃんも出すか」と。私にとっては久しぶりのアニメのオーディションでした。

この作品は、タイトルに「ふたご姫」とあるように、主役はファインとレインという双子のキャラクターです。ファインは食いしん坊で元気いっぱいのおてんばな性格、レインは女の子らしく、おっとりした性格でした。それまで私は洋画で男の子役をやることが多かったので、マネージャーのなかでは「後藤邑子=男の子役」の印象が強かったのだと思います。「(元気な)ファイン役なら邑子ちゃんでもできるかもと思ってね」と言われ、ファイン役のオーディションに出してもらえることになりました。

現場ではめいっぱい〝元気な女の子〟を演じました。が、「今のセリフをもう少し元気に言ってみてください」というダメ出しを多くもらいました。自分としては、このうえなく、力の限り「元気に」しゃべっているのにまだ足りない！　どうしよう！と思いつつ、小学生のドッジボールチームの号令を「邑子の声だと力が抜けるから」と外された過去も思い出しました。私の声、どうやら元気とは真逆の特性を持っているんです。

とりあえず全力でがんばったけど、手ごたえと言えるものはなかったなぁ、と凹みながら帰り支度をしていると、

「後藤さん、ちょっと、レインのセリフを読んでみてくださいって監督が言ってます」

と呼び止められました。

元気ハツラツなファインを演じていた私の声の中に、佐藤順一監督がレインっぽさを見つけてくれていました。これは私の「毒」が「薬」になった瞬間でしょうか？

後日、「もう一度、レイン役でオーディションを受けに来てください」と、私は再びスタジオに呼ばれました。第1次オーディションで候補の人数が絞られ、第2次オーディションが行われることになったのです。

結果、私はレイン役に選ばれました。こんなにうれしいことはなかったです。初めてのテレビアニメのレギュラーです。それも主役です。夢なんじゃないかと。いま思い返しても、こんなにもうれしい瞬間って、人生でそうそうないんです。

『ふしぎ星の☆ふたご姫』は第2期も制作され、2年間続きます。登場キャラクターも多く、現場は新人からベテランまで揃う大きなチームでした。この現場で先輩たちから「主役は座長」ということを教えられます。

出演する声優たちのチームワークを作るのです。少なくとも、誰とも話していない人をなくすこと。せめて私たち、ふたご姫とだけは会話しているように。それほど気を遣わなくても毎回顔を会わせるレギュラーは少しずつなじんでいくことができるので、むしろ、単発で登場するゲストキャラクターや、途中参加するキャラクターに、より気を配るよう言われました。そういった人たちが、現場になじめなかったり、疎外感を感じたりしないように、余計な緊張感なくマイク前で演技できるように気を配る、それも座長の大事な役目なのだそうです。キャプテンに近いのですね。収録前に声をかけたり、演技で絡む他のキャストに紹介したり。現場になじんでいたほうが演技もマイクワークもうまくいくし、実際、本当に失敗が減るんです。

はじめての主演作品『ふしぎ星の☆ふたご姫』。毎週土曜日の朝、2年間にわたって放送されました。

思い返せば、私もゲストとして現場に入った時、主役や準主役の人たちに、そうしてケアしてもらっていました。そうとは気づかないくらい自然に。

「主役は座長なんだから、自分のことだけ考えていちゃダメ。みんなが演じやすくなるように、現場のことにも気を配りなさい」

当初そうアドバイスされた時には、「自分の演技だけで精一杯なのに!?」と役目を重く感じましたが、回を重ねるうちに、座長としてのプレッシャーをうれしく感じるようになりました。それまでの洋画の現場では、さほど出番は多くなかったし、ストーリーの重要な局面に絡むことも少なく、スタジオの中で何かを任されるという立ち位置にはありませんでした。それは楽ちんですが、残念でもありました。なので、アニメでは新人の私にとって、座長は荷が重いけれど、幸せな苦労に感じました。この作品を通じて、私は声優としてとても鍛えられ、成長したと思います。

唯一、ふたご姫が歌う主題歌のレコーディングは、私だけすさまじく時間がかかりました。その状況は、第2期の主題歌レコーディングでも変わることはなかったです。

……えーと、私、ちゃんと言いましたよ？　ちゃんと、正直に、エライことになるって言いましたよ？

タイミング的には、私が顔出しをOKにしてから最初にいただいた仕事が『ふしぎ星の☆ふたご姫』でしたが、この作品ではイベントなどで顔出しをする機会はほぼありませんでした。

というのも、『ふしぎ星の☆ふたご姫』はテレビ東京系列で土曜日の朝（10時～10時30分）に放映された小児向けアニメなので、声優は裏方に徹し、子どもの夢を壊さないように配慮されていたからです。

むしろ、顔出しの逆。「絶対に出すな」「子どもたちに見つかるな」というルールのもとで運営されるイベントがほとんどでした。

だから、着ぐるみショーのイベントはたくさんあったのですが、あらかじめ私たちが収録した音声をイベント会場で流し、それに合わせて着ぐるみの人たちが動くという内容で、私たち声優は現場に行くことも少なかったです。

ただ、時々「お茶会」や「ダンスパーティー」と呼ばれるイベントがありました。これは、女の子たちがよそ行きのお洋服を着て、ファインとレインに会いにくるイベントです。こうしたイベントの時には「女の子が着ぐるみと実際にしゃべっていると感じられるように声を出してほしい」と依頼されました。

スーツアクターの入っている着ぐるみの、後方に置いてある大きな箱の中に、私たち声優は閉じ込もり、そこで体育座りをして、覗き穴から外の様子を窺い、アドリブでセリフを言うのです。私たちのセリフに合わせて着ぐるみが動きます。たとえばレインちゃんと同じドレスを着てきてくれた女の子には「まあ、おそろいのドレスね。うれしいわ」と話しかけます。女の子たちはとても喜んでくれます。そして女の子のお母さんたちは「なんでわかるんですか⁉」「どうやって⁉」と本当に驚いていましたね。そんな様子をファイン役の小島めぐみさんと2人で覗き穴から堪能し、「いますごく裏方をやってる実感あるね」なんて話しながらワクワクしていました。

思いのほか、主に体勢的に重労働でしたが、女の子たちの楽しそうな反応が見られるのはとてもうれしい体験でした。

みんなが喜ぶ顔が直接見られる。これが、イベントの醍醐味なんですね。

『ふたご姫』が放送されている時、友人の息子（6歳）が毎週欠かさず観てくれていました。レインちゃんが好きだったそうです。ある時、彼は母親に「レインちゃんの声の子って何歳？」と聞きました。小学生くらいになると、アニメのキャラクターの後ろで誰かが声を当てている、という構造は理解してしまうのですね。後ろに人なんかいない、と信じ込ませてあげたいのに。そう聞かれた母親はあろうことか「お母さんのちょっと下だよ〜」と答えました。

「なぁんだ、大人か」と、会話は終わったそうです。なんてことしてくれる!? そこは「後ろに人なんかいない。レインちゃんの声はレインちゃんが出してるんだよ」が模範解答であって、少なくとも「レインちゃんと同い年の子」くらいは言うべきところです。こちとら子どもの夢を壊さないように場所も体勢も選ばず、隠れているのに!

毛色のちがうヒロイン

アニメやゲームで私がよくキャスティングされるのは、かわいらしくて、儚くて、おっとりしていて、内気だったりちょっとドジだったりするキャラクターが多かったです。

ひとつの転機がアニメ『SHUFFLE!』でした。ゲーム『SHUFFLE! ON THE STAGE』がアニメ化する時に「後藤さんのキャラ、すごいことになりますよ」と、『SHUFFLE!』企画プロデューサーの伊藤敦さんに笑いながら言われました。権力者がこんなことを言う時は本当によくも悪くもすごいことになるんだなと、のちに思い知ります。

ゲーム版では健気で可憐でとことんかわいい人気キャラ、主人公の幼なじみの楓ちゃんは、アニメで変貌を遂げ、猟奇的とかヤンデレ（病んでデレてる）と呼称される話題性の高いキャラになりました。

ひとつ屋根の下で暮らす自分の想い人が、別の女の子を好きになってしまっても、ゲームでは「ずっと好きでいさせてください」と健気に2人を見守っていたのに。

アニメ版では、想い人のために普段どおり料理を作る楓ちゃんの、かき混ぜているお鍋の中身がじつは空っぽだったり、想い人の恋する相手（しかも虚弱キャラ）を壁に叩きつけたり、また泣き叫ぶアニメーションの表情が怖い怖い。つられて私の声も怖い怖い。

同じ作品なのに、ゲームとアニメとで、キャラクターが真逆に変化させられるってことがあるんですね。初めての体験に原作ファンも私も戸惑いましたが、「邑子ちゃん、イキイキしてて、すごく怖かったよ」と共演者たちに言われました。

でもね、まんざらでもない態度でずっと一緒に暮らしてきて、身の回りの世話をさせといて、最後に別の女選んで、その女を2人の住む家に連れてくる主人公が、おまえどういう神経してんだって話で。イカレてるのは楓ちゃんではなくヤツ（主人公）

ですから。ねぇ？

そんな彼女のおかげか、それまでのかわいらしい路線と毛色の違うキャラクターや、いろんな表情を持つキャラクターのお仕事も多くいただくようになっていきました。

『ハルヒ』とみくる

そして、2006年が明け、私は涼宮ハルヒに出会います。

テレビアニメ『涼宮ハルヒの憂鬱』（2006年4月放映開始）の朝比奈みくる役は、オーディションではなく、指名でキャスティングされました。これは、いくつもの幸運が重なったのです。

『涼宮ハルヒの憂鬱』のキャスティング会議の席で、石原立也監督が「後藤邑子さんはどうでしょう？」と、私の名前を挙げてくれたと聞いています。監督は、それまで私が出演した作品たちを観て、私の声を知ってくれていました。

会議に同席していた音響監督の鶴岡陽太さんは、以前から何度もお仕事でお世話になっていた方で、「後藤なら大丈夫だと思いますよ」と言ってくれたそうです。石原監督と鶴岡音響監督の提案を受けて、「なるほど後藤さん、いいですね」と了承してくれた企画プロデューサーが、前述のアニメ『SHUFFLE!』で私のキャラクターを変貌させた伊藤さんだったのです。

監督、音響監督、プロデューサーの3人の恩人と、いままで演じてきたキャラクターたちのおかげで、私はみくるちゃんに出会えました。

「この作品は、ムーブメントを起こす作品になります」

『涼宮ハルヒの憂鬱』の最初の顔合わせの場で、プロデューサーがそう言ったことを覚えています。私たちキャストは、キョトンとするだけでした。

この作品には、私のような声優プロダクションに所属する専業の声優だけではなく、芸能プロダクションに所属するキャストが起用されました。当時としては珍しいことで、彼女たちは歌手兼、女優兼、声優というタレントです。若くて、かわいくて、アフレコも歌唱もラジオもすべてうまい。平野綾ちゃんと茅原実里ちゃんを初めて見た時は私も驚きました。

また、『涼宮ハルヒの憂鬱』の収録現場は、スタッフとキャストがお互いに意見交換しやすい雰囲気があり、距離が近かったのも印象的でした。

ある日、スタジオで共演者の小野大輔くんが「最後のダンス、ちょっと覚えたんだよ」と、キャラクターたちが踊るダンスを真似たことがあります。ちょうどその頃、アニメのエンディングで、テーマ曲「ハレ晴レユカイ」に合わせてメインキャラクターたちが踊ることが話題になっていました。曲に合わせて踊るアニメーションの出来がすごくいいのです。ただ、この時、スタジオで小野くんが踊ったのを、すごい！とはしゃいで喜んだ綾ちゃん、実里ちゃんの2人と、私の反応は真逆でした。

「なんてことしやがる!?（※言ってないですよ。心の声です）」

小野くんのダンスを見た制作陣の間に「これ……、イケるんじゃゃね？」的な空気が一瞬にして広がった気がしました。

気づかないふりをしました。その話題にならないようにするのが精一杯。ヤバい……。これは、私にとって、よからぬことになる……。

『涼宮ハルヒの憂鬱』がアニメファンの間で評判になると同時に、「ハレ晴レユカイ」のシングルCDはオリコンチャートを上っていきました。ファンの間で「踊ってみた」動画をYouTubeにアップロードするのが流行しました。作る側と観る側が一緒になって『ハルヒ』を盛り上げます。

私が案じたとおり、私たちメインキャストの5人「SOS団」（平野綾、茅原実里、杉田智和、小野大輔、後藤邑子）のうち、特に、歌唱を担当する3人、綾ちゃん、実里ちゃん、私は、演じたキャラクターと同様にイベントやコンサートで「ハレ晴レユカイ」やその他の劇中歌を、「振り付きで」披露するようになっていきます。

放映終了直後の２００６年7月、私たち3人は、日本武道館で開催される『Animelo Summer Live』（アニサマ）への出演が決まりました。アニサマは、前年の２００５年から始まったアニメソングのライブイベントです。そこで「ハレ晴レユカイ」を披露するのです。

私たちは日本武道館の奈落からポップアップ（舞台の下から飛び上がる装置）でステージに登場しました。武道館は収容人数も多く、また客席の傾斜が大きいので、ステージ上では「歓声が聞こえる」というより「歓声が降ってくる」感覚でした。

自分の人生で想像もしていなかったことが次々と起こります。

夢見ていた場所よりも、はるかに遠い、そしてジャンルの違うところに来ていると感じました。

しかし、このステージすら、まだ出発点でした。私たちＳＯＳ団は世間のムーブメントにどんどん押し出されていきます。目が回るくらいの華やかさと忙しさ。時には翻弄されながら、時には（主に私が）音を上げながら、それでも私たちはそのなか

SOS団として参加した2006年のAnimelo Summer Live。当時は日本武道館での開催でした。

でたしかに楽しんでいました。たくさんの無茶振りに、「そんなこと言われても……」という戸惑いを5人で共有できたのもよかったのだと思います。今でも皆とは連絡を取り合える状態です。何かあった時にはお互いに声をかけられる。話していると、いつも「ムーブメント？　はて？」とキョトンとしながらプロデューサーの話を聞いていた頃の状態、最初のフラットな気持ちに戻ることができます。お互いの転換期、もしくは出発点を知っているメンバーというのは、特別な関係かもしれないですね。

そして、ムーブメント来たる！

さてその『ハルヒ』ムーブメント以降、私自身も、イベントやグラビアなど、声優としてのアフレコ以外の仕事が劇的に増えていきました。これほどのタレント活動は老舗の大手声優事務所「バオバブ」でも前例のないことです。

「イベントがすごく多い！」
「撮影の打診がものすごく来る！」
「海外でも歌うんですか⁉　マネージャーは誰が行けます？」

と、事務所内がバタついていました。そう、海外でも、です。

この頃、すでに世界で日本のアニメブームは始まっていました。海外の大きなアニメイベントに、今ほどではないですが、日本のアニメ関係者がゲストとして招待される機会も増えていました。

私が初めて招待されたのが、台湾・台北でのアニメイベントでした。トークショーでは通訳の方がずっとついてくれていたのですが、日本語が、特にアニメファンの人たちにはとても伝わることに驚き、うれしかったです。イベントを特集した雑誌の表紙に「世紀末極速女王傳説　後藤邑子」と見出しが載っているのを見つけ、私のひとり歩きしたイメージが、ついに海を渡っていたことも知りました。

イベント後は、声優雑誌「声優グランプリ」の撮影も兼ねて龍山寺へ。建造物としても華やかで絵になる有名なお寺です。

仏教や儒教に民間信仰も混ざって、たくさんの神様が祀られていました。神様によって叶えてくれるものが違うので、どんなジャンルの願いもここにくれば叶うのです。メインは7人の神様で、その中には三国志の武将「関羽」も、神様のひとりとして祀られています。

それぞれの神様の前に香炉（線香立て）があり、お寺の入口で購入した7本の巨大な線香を立てていきます。特に決まりはないので好きなバランスで線香を立てればよいとコーディネーターの方に聞き、三国志の中で一番好きな関羽の香炉に、7本の線香をすべて立てて驚かれました。え？　変なの？　関羽好きだから関羽に立てるって自然じゃない？

よく見ると皆さん、数本ずつ、それぞれの神様の香炉に立てています。健康運3本、恋愛運2本、仕事運2本というように。なるほど、バランスって、こういうことか。ちなみに関羽は、その誠実で信用される性格から、「商売、仕事の神様」だそうです。私は、勢い仕事運に全フリしたわけです。

その後、入院するまで5年間休みがありませんでした。ご利益が容赦ない。龍山寺、望んだもの以外をすべて捨てる覚悟がある人は、ぜひとも行くべき寺院です。

そして、どうやら私が次に行く海外イベントはアメリカらしいと聞かされます。カリフォルニア州で「恋のミクル伝説」を歌うかもと言われて絶句。関羽がさじ加減を知らない！

『涼宮ハルヒの憂鬱』は、はじめにプロデューサーが言ったとおり、ムーブメントを起こしました。アニメが放送された4月から7月までの期間だけで原作は150万

「明治村にて」©大高郁子

●インチキ教祖から宗教2世の少女を救い出せ！

神の呪われた子

池袋ウエストゲートパークXIX

石田衣良

ウイスキーバブル、過激な推し活、連続強盗団……停滞する日本で起こっているトラブルに、マコトが立ち向かう。シリーズ第19弾

◆9月11日
四六判
上製カバー装
1870円
391745-0

●青春小説家が描く、青春の終い方

青春をクビになって

額賀澪

「雇い止め」という冷たい現実を前に、研究を愛するポスドクが下した決断とは——。社会に横たわる痛切な苦みを描く、著者新境地

◆9月11日
四六判
並製カバー装
1760円
391746-7

●21世紀の『十角館の殺人』がマレーシアから登場

君のために鐘は鳴る

王元　玉田誠訳

デジタル機器に囲まれた日常の疲れを癒すデジタル・デトックスが行われた孤島で連続殺人事件が。島田荘司賞受賞の傑作21世紀本格

◆9月12日
四六判
並製カバー装
1980円
391747-4

●非常識で、冷笑的な人々が増えたこの国で——

街場の成熟論

内田樹

なぜ複雑な話は「複雑なまま」扱ったほうがよいのか？　親切、品位、勇気…失われゆく徳目を明らかにし「大人の頭数」を増やす本

◆9月13日
四六判
並製カバー装
1760円
391756-6

●「余命宣告」を受けた大人気声優が語るあの日のこと

私は元気です

病める時も健やかなる時も

『涼宮ハルヒの憂鬱』の朝比奈みくる役で大人気だった後藤は、人

12日
バー装
円
8-2

◆発売日、定価は変更になる場合があります。
表示した価格は定価です。消費税は含まれています。

たかぎなおこ

っぷりのお弁当コミックエッセイ

◆9
A5
並製

灰本 元

50歳を過ぎたらダイエットしてはいけない
メタボの嘘と肥満パラドックスの真実

●メタボは嘘だった!? そのダイエットで早死にする!

メタボに科学的根拠はない。小太りの人が結局長生きする。これまでの健康常識を覆す「肥満パラドックス」のすべてがわかる!

◆9月26日
四六判
並製
1650円
391757-3

ジェフリー・ディーヴァー 池田真紀子訳

ハンティング・タイム

●英Fタイムズが「最後の逆転にやられる確率100%」と絶賛!

逃亡する天才エンジニアを追う暴力のプロ2組。彼らより先に彼女を発見・救出せよ。全ての予測を裏切るショウ・シリーズ最高傑作

◆9月26日
四六判
上製カバー装
予価2860円
391758-0

大原由軌子

大原さんちの不登校

●「学校に行きとうなか…」朝、息子はそう言った

大原家の次男坊レイが不登校になった。原因はゲーム中毒か課題か、はたまた発達障害か体罰か……!? 親子で読みたい実録コミック

◆9月8日
A5判
並製カバー装
990円
090151-3

おちR

勇者様、昨夜もお楽しみでしたね。1

●「また俺、ヤっちゃいました…」系勇者様は今日も旅立てない!!

魅力的なヒロインたちに誘惑されまくりで最初の村から一向に旅立てない主人公!!「また俺、ヤっちゃいました…」系勇者誕生!

◆9月27日
B6判
並製カバー装
792円
090152-0

世界の広さを知った桜子が下す結論とは。シリーズ完結！
夢よ、夢
柳橋の桜（四）
佐伯泰英
880円
792090-6

見つかったのは、ミカちゃんなんじゃないか——
琥珀の夏
辻村深月
1155円
792091-3

松村北斗×上白石萌音、W主演にて映画化！

江戸に舞い戻った盗賊一味。蛮行を阻止すべく、久蔵は江戸を奔る。シリーズ第17弾
逃れ者
新・秋山久蔵御用控（十七）
藤井邦夫
847円
792096-8

江戸のカラーコーディネーターが大活躍
江戸彩り見立て帖
粋な色 野暮な色
坂井希久子
814円
792097-5

虐待されている「あたし」。お母さんを殺してしまえば——
あの子の殺人計画
天祢涼
869円
792098-2

消えた彼の過去には何があったのか？ 傑作ミステリー復刊!!
奇跡の人
真保裕一
1210円
792099-9

家族、恋愛、仕事、生活… 37の悩みにズバリ答えます！
アガワ流生きるピント
825円
792100-2

はじめての海外イベントは台湾。訪れた九份は、レトロで魅力的な街並みです。

現地の雑誌表紙に「世紀末極速女王傳説 後藤邑子」の文字。私の偏ったイメージが海を渡っていたことを知ります。

部以上部数を増やしたと聞いています。「このアニメがすごい！」（宝島社）では２００６年に放映された作品の中で1位に選ばれたそうです。

私も、この年に新設された声優業界の賞、第1回「声優アワード」で、サブキャラクター女優賞をいただきました。いわゆる助演女優賞です。ハルヒ役の綾ちゃんが新人女優賞を獲ったのも象徴的だったと思います。授賞式も、受賞者たちみんながドレスアップして参加する華やかなものでした。

さらに、私は無縁のはずだった音楽業界からも賞をいただきました。日本レコード協会からゴールドディスク認定の記念盾を２つ。身に余るものって、こういうことを言うんだな。作品と、曲を作ってくれた人たちと、一緒に歌った2人のおかげの賞だけど、自分の名前が刻まれたその盾は綺麗で魅力的でした。

メインで参加した作品が放送され始めると、業界の人たちが名前と声を覚えてくれます。特に私の声は、「よくも悪くも耳に残る、毒か薬のどっちかになる」声です。そして名前の漢字が簡単なのに、ちょっと読みにくいせいで、より印象に残ったそうです。「ムラ…コ?」。

アニメやゲームのオファーを、どんどんもらえるようになっていきました。それら

初代声優アワード受賞者が特集された「ボイスニュータイプ」(2007年)の表紙。声優業界に初めて設けられたこの賞は、現在も続いています。

の作品に付随するイベントは、もちろん顔出し出演。アニメＤＶＤ発売記念のトークショーだったり、新作ゲームの告知ライブだったりしましたが、私たちが登壇すると観客の皆が予想を上回る歓声で迎えてくれました。『ふたご姫』の時と違って、キャラクターではなく私たち声優の登場に沸いてくれるのです。みんなの喜ぶ顔がより間近に見られるんだから、そりゃあうれしいです。私はガタイがよくて、こんなりだけど、客席の皆は私が演じている美少女キャラクターを脳内でオーバーラップさせて見てくれている様子でした。たとえるなら、私のキャラクターが「スタンド」のように側にいてくれる感じです。この『ジョジョの奇妙な冒険』的なたとえ、伝わりますか？　業界では常識的に使えるものですが、私が毒されているならすみません。

声優が登壇するイベントは、キャラクターを好きでいてくれる人たちが、キャストとキャラクターを少しだけ同化させて、補完して見てくれる。キャラクターに会っている気分にもなってくれる、といった感じでした。こういうのが、声優タレント活動の醍醐味なのかなと思いました。

撮影がとても増えたと書きましたが、その撮影のなかでも、やはり、『ハルヒ』関連は本格的で大がかりなものが多かったです。声優雑誌でも、表紙に載るのです。

若いかわいい子たちと並んで撮られるグラビアとか、すごくすごくすごく光栄だけど、自分の場違い感に吐血しそう。脳内で補完してもらうのに必須の「声」が、写真では使えないのですから、丸腰です。ここから逃げたい！としか思えなかったけど、いたれりつくせりの撮影現場は嫌な顔ひとつできない苦行の場でした。

でも本当にプロの技術ってすごいんですね。いつも、「誰だ？　私か！」ってくらいのレベルの写真を撮ってもらえました。

ある時、制作側か雑誌側かどちらの発案か定かではないですが、都電を貸し切りにして、「メインキャラ3人で女学生たちの登校風景のようなグラビアを撮ろう」という、『ハルヒ』関連の誌面企画が立ち上がりました。地獄か。

「おのおの学生時代に着ていた制服か、それに近いテイストの服をご用意ください」とのお達しには、参考として白ブラウス、ベスト、ミニ丈のチェックスカートの画像がついていています。

年齢非公開設定の私がこれ言うのもどうかと思いますが、私を何歳だと思ってるんですか？　他の2人と世代が違うことは見た目でわかるでしょう!?

私が学生時代に着ていた制服は丈長めのセーラー服です。

考えた末に制服をあきらめて白ブラウスとグレーのスカートで参加したら、登校風景風グラビアの3人の並びは、女生徒、女生徒、女教師という風味になりました。

これではバランスが悪いとまわりの皆さんがネクタイやら何やら貸してくれて即席の珍妙な生物が誕生しました。極刑に処された気分。当時は心の痛みが激しかったのですが、この話、同年代の声優の誰にしても「わかるわかる!」「ナイスファイト!」と笑ってもらえるので、もはや私の鉄板ネタのようになっています。

アニメエキスポで「おのれ、犬!」

印象深くて忘れられない『ハルヒ』関連イベントのひとつが、アメリカのカリフォルニア州で開催されたアニメエキスポです。

2007年6月、私たちSOS団の3人はアニメエキスポに招待されました。このイベントではトークショーと歌のステージが予定されていましたが、スケジュールがとてもタイトで、空港に着くなり会場に直行して、ステージに出演するような強行軍だったと記憶しています。

そのかわり、飛行機内で寝てこられるようにと、ビジネスクラスの席を用意されました。初めてのビジネスクラスのシートは、ほぼフルフラットになるくらいリクライニングできました。隣席との間が適度に遮蔽されているので、たしかに眠れます。食事も豪華です。水を頼んだらレモンを浮かべたペリエが来ました。ちなみに私たち3人のそれぞれのマネージャーはエコノミークラスだったので、10時間超のフライトの間、まったく眠れなかったと言っていました。

カリフォルニアの空港に降り立ち、同じ便で移動したマネージャー、スタッフと合流し、さて、イベント会場に直行しようとしたところ、入国審査で私だけが引っかかりました。

パスポートを凝視している空港職員、私の顔を見る、再びパスポートを凝視する。まただ……。私は異国に入国するたびにこのパスポートに悩まされてきました。

数年前、大人用の期限の長いパスポートを作る際に気合いを入れすぎたのです。ヘアメイクに全力を注ぎ、また撮影に慣れた頃合いだったため、目を細めずに完璧に口角を上げ、結果、ベストショットと言える宣材写真ばりのパスポート写真が撮れました。

おかげでノーメイクで飛行機を降りた後にスムーズに入国できた国がない。集団で行っても毎回、私だけ止められるのです。

「日本人はみんな同じ顔に見える（笑）」的によくネタにしてくれるくせに、メイクのオンオフで私が判別不能になるって、どういう了見なんだよ、西洋人。失礼。コーディネーターさんの助けで事なきをえて、気を取り直して会場に向かいます。

ステージでは『涼宮ハルヒの憂鬱』英語版の声優さんとおしゃべりもしました。そこで初めて、あれ？　アメリカではこのアニメ、英語吹き替えで放送されてるの？ってことは私たち、日本語版オリジナル声優、知られてないんじゃない？と、いきなり不安に襲われましたが、そこはお祭り。誰が出ても、何をやっても盛り上がってくれる楽しい会場でした。

このアニメエキスポは、現在では世界最大規模のアニメイベントになっていますが、当時は、きっちりしたイベントというより、アニメが好きなみんなが集まって「お祭り」をするといった雰囲気が強かったです。

ステージに出ていかなきゃいけない段になってもマイクが来なかったので、舞台袖のハンバーガー食べてるスタッフに、「マイクちょうだい！」と、みくるらしからぬ大声で叫んだ記憶があります。ハンバーガー食べながらステージスタッフしてるって日本では信じられない光景ですが、これがお祭り、これがアメリカ。彼はにこやかにバーガー片手にマイクを持ってきてくれました。バーガーは離さないんだ。ありがとう！

そうして歌った「恋のミクル伝説」。歌詞の「ミッミッミラクル！　ミックルンルン」の箇所は、会場の皆が大きなコールをくれました。この曲を知ってくれているんだ！　アニメエキスポは多くのアニメ作品の祭典であって、私たちSOS団のためのイベントではありません。つまり、ホームではないのです。なのに、この曲に正確なコール・アンド・レスポンスを送ってくれたことに驚きました。一気にそこがホームになった感覚。多くの人が知っている自分のキャラクターソングがあるのってこんなに心強く、うれしいものなんですね。

このアメリカ遠征のスケジュールはすごくタイトでしたが、映画『フォレスト・ガンプ』の劇中に出てくる「ババ・ガンプ・シュリンプ」とコラボしたレストランに行くことができました。店内のテーブルには、劇中と同様に「RUN FORREST RUN」と「STOP FORREST STOP」のプレートがあり、オーダーしたい時、要するに店員を止めたい時は「STOP FORREST STOP」のプレートを出しておくのです。私にとっては、「聖地巡礼」でした。

もともと私はひとりで出歩く癖があるので、このアメリカ滞在中、マネージャーからは「くれぐれも勝手に出て行かないように」と釘を刺されていました。食事もコーディネーターが用意してくれるものを食べるだけ。マネージャーも事務所から、きつく言われていたみたいです。台湾イベントの際、マネージャーがトイレに行った隙に屋台で買い食いしたことが事務所内で共有されていたため、監視の目は以前より厳しくなっていました。それにしても、あのアヒル肉はおいしかった。

なので、夜しかなかったのです。ホテルのルームサービスを頼んでマネージャーと2人で晩ごはんを食べた後、私は自分の部屋に戻るそぶりで、ホテルを抜け出し、近くのレストランに行きました。この場所に来る機会はもう二度とないかもしれないと考えると、そこにいる人たちの日常を一緒に味わいたくなるんです。そのお店はカジュアルな雰囲気で、アニメエキスポに来たらしい若い女の子たちも多く、安心できそうなお店でした。私はビールとチップスを頼んだだけです。

が、翌日、空港で麻薬探知犬が全速力で私のもとに走ってきました。私の周囲を執拗にぐるぐると回る犬を、マネージャーや音楽レーベルのスタッフが止めようとして警官に叱られました。

マネージャーが

「なんて言ってるんですか!?」

何度もガンプを止めたくて必要以上に注文しました。これが聖地巡礼なんですね。

と聞くので、

「彼ら（犬）は働いてるんだから触るな！って言ってる」

と答えました。

「いや、そうじゃなくて、後藤さんに対してなんて言ってるか、です！」

現場はバタバタでした。私は「何も持ってないです、何もやってないです」と必死に弁明を繰り返しました。おのれ、犬。パスポート写真に合わせてわざわざメイクまでほどこしてきたのに、とんだ伏兵（犬）がいたものです。

ファーストアルバム、出します

時期は前後しますが、２００６年、

「ＣＤアルバムを出しませんか？」

と音楽レーベルLantisのプロデューサー、櫻井優香さんからオファーをいただきました。

きっかけは、工画堂スタジオから発売されたゲーム『Dear Pianissimo』のＯＰ、ＥＤ、挿入歌を歌わせてもらったことです。フィギュアにデータを内蔵したゲームで、ゲームの内容ももちろん、歌手の橋本みゆきさんが作ってくれた楽曲も、その「ぴあのたん」と呼ばれるキャラクターフィギュアの雰囲気に合ったかわいらしさと透明感がありました。

その時すでに私は、声優として数多くの作品でテーマソングやキャラクターソングを合計70曲近く歌わせてもらっていました。最初の頃よりは多少なりとも歌唱力が上がっていたかもしれません。しかし、個人名義のCDを出すとなると話は違います。それは、いわゆる声優タレント活動のど真ん中、頂点の活動です。私には恐れ多い、夢見ることさえ許されなかった領域になります。

オファーしてもらえたことは感激でした。でもそれ以上に申し訳なさが勝りました。だって、下手だもん。私の歌唱力が低いことは、いつも歌を聞いてくれているファンの人たちですら知っています。キャラクターソングでもたくさんお世話になった櫻井さんだってわかっているはず。さすがにおこがましいと、感激するほどのオファーに腰が引けました。

そんな私に、友人が

「邑子の歌を出したい、聞きたいって思ってくれてる人って、そもそも誰もうまさを求めてないじゃん。だったらいいじゃん？」

と忌憚も遠慮もない助言をくれました。

……そうか。

そうか！　言われてみればそうだ！　じゃあいいんだ？　私がアルバム出しても！

分不相応だと思ってたけど、アルバム出してもいいんだ、私⁉

こうして、ザ・声優タレント活動、個人名義のCDアルバムの制作が始まりました。

このファーストアルバムのタイトルは『GO TO SONG』と言います。

自分のための曲を作ってもらえたことの特別感はすごかったです。キャラクターソングではなく、私の歌。私として歌っていい歌。夢のようで、現実感がないくらい。

「どんなジャケットにしたい？」と聞かれても最初は「いえいえいえ、もう、なんでも！　作っていただけるのであればなんでも！　本望です！」くらいの平身低頭具合で、かえって制作陣を悩ませてしまいましたが、続けて1枚目のシングル、2枚目のシングル、2枚目のアルバム、3枚目のアルバムと制作を重ねていくうちに、「ボーカルをたくさん重ねるアレンジをやってみたいです」「ジャケットは80年代っぽい、グラデーションのないカラフルで」など、やりたいと思ったことを全部伝えるようになりました。

「PVは大映ドラマ風にしたいです！」と、意味不明なビジョンも主張し始めました。

スタッフ、キャストともに学園祭のように盛り上がり、無駄にクオリティの高いドラマ風PVができました。

まだ変身前なので敵に捕えられてしまいました。考えるんじゃない。感じてください。

こんな無茶っぽいことも、たくさんのプロたちの力で叶うんです。かつては、まったくもって遠い他人事の世界だった「映画を作る」ことに、図らずも近いことをしていると感じました。

「こんなに自分のやりたいことを叶えてもらっていいのかな？　私、恵まれすぎじゃない？　こんなのうれしすぎじゃない？」

ＣＤ制作はそんな現場でした。

こうして、「邑子ちゃんがいいならいいけど、本当にいいの!?」とスタッフ陣に心配された、私原案でプロ映像制作陣が完成させたドラマ風ＰＶのクオリティは無駄に高く、ほぼ曲が流れないＣＤのＣＭ（それってどうなのか？）は話題になりました。作っている間も、キャスト、スタッフともに学園祭のように盛り上がっていて、早朝からの極寒の中での撮影すらずっと楽しかったです。

さらにこのドラマＰＶシリーズは続き、声優の友人たちや、憧れの先輩たちまで巻き込んだ壮大なコントとして広がっていきました。岩田光央さん、緒方恵美さん、荻原秀樹さん、小野大輔くん、杉田智和くんはじめ、快く巻き込まれてくれたなじみのスタッフの皆さんありがとうございました。この豪華なメンバーに学生服コスプレ必須のコント出演を頼んだ私もどうかしていますが、軽いノリで引き受けてアレンジまできかせてくれた皆さんも、どうかしていて素敵でした。

なかでも、しょっぱなから巻き込まれ、歌唱、演技、パフォーマンス、セーラー服、ヤンキー風メイクを強要された橋本みゆきさんと、プロデューサーには心から感謝（陳謝！）申し上げます。

ゴットゥーザ様、登場

前述のとおり、私個人には「ヤンキー」キャラのイメージがあったようです。何度も言いますが、シンプルに育ちが悪いだけです。取材で「ヤンチャなエピソードを教えてください」と聞かれるたびに「話せる範囲でですか？」などと乗っかっていたのでイメージが固着したのは自業自得ですが、声優雑誌などではバイクと一緒に写るグラビアをよく提案されたりしました。個人的には、手が届かなかったレアなバイクや、購入をあきらめたバイクに乗れるのはうれしかったです。

こうしてイメージがひとり歩きした結果、アニメ『らき☆すた』（２００７年4月放映開始）に、「ゴットゥーザ様」という、特攻服を着たヤンキーキャラクターが登場することになります。私をモデルにしたキャラクターということでした。よく見るとゴットゥーザ様が劇中で乗っているバイクは真っ赤なＣＢ４００ＳＦ。ぱっと見、ヤンキーっぽく見えますが、どちらかと言えば硬派で性能のよい優秀なバイクですよ。ちなみに私の愛車はブルーのＣＢ４００ＳＦです。ゴットゥーザ様と単車の好みもちゃんと似ている、というか、うちの子（バイク）をモデルに作ってもらえたんでしょうか。

このゴットゥーザ様という呼び名はもともと『涼宮ハルヒの憂鬱』の現場で、杉田くんが、「いいのを思いつきました。ゴットゥーザ様でどうでしょう？」と、唐突に私に告げてきたものです。「どうでしょう？」に、私はなんて答えればよかったのでしょう。でも、その語感がよかったのか、この愛称がファンや関係者の間に浸透していきました。そうして、ついにはキャラクターが誕生するに至ったのです。

キャラクターの声は私が担当することになり、よく「本人役」と表記されることもあるんですが、いちおう「本人」ではないと言っておきますね。誰よりも演じやすい、愛すべき分身のようなキャラクターです。

そういえば、『らき☆すた』イベントへの出演をオファーされた時、コスプレ用にゴットゥーザ様の特攻服を作ってもらえたのですが、その特攻服を作る際、先方から「ちなみに後藤さんは、特攻服をお持ちですか？」の確認が来たのは笑えました。私

意を決して始めた個人名義のアーティスト活動は、いつしかアルバムを4枚出すまでに。

をなんだと思ってるんですか？

アニラジがいっぱい

主にアニメをやるようになってから、ラジオパーソナリティをやる機会も増えました。「アニラジ」という言葉があるくらい、アニメ作品に付随するラジオ番組は多いのです。作品によって、もしくはパーソナリティを担当する声優によってラジオ番組の性質は変わります。先輩をイジり続けるもの、リスナーを攻め続けるもの、デリカシーを忘れてヒンシュクを買うレベルのものもありましたが、やっているほうはすべて楽しいです。また、リスナーもそれぞれの番組の趣旨を理解して、許容して、達観して聴いてくれるので、私たちはそこをホームだと思って好き勝手にしゃべることができるのです。

純愛作品のラジオだったのに、作品の原型をとどめない番組になったものもあります。アニメ『ＳＨＵＦＦＬＥ！』から派生したインターネットラジオ番組『ねぶら』もその代表格。作品のラジオでは通常、メインヒロイン役の女性声優２人がパーソナリティを担いますが、メインヒロインの中でも特殊な楓ちゃん役の私と、メインキャ

青いCB400SFハイパーVTEC。長く一緒に走ってくれた愛車です。

ラではない男性声優がパーソナリティに選ばれました。すでにちょっとおかしい組み合わせ。おかげでリスナーの皆も途中から作品の枠をはずれた、様子のおかしいメールばかりくれるようになりました。制作サイドはともかく、私たちパーソナリティはとてもうれしかったです。この番組は休止期間含めて、ネットラジオとしては異例の長さ、9年以上続く番組になりました。

ほかにも、純愛×S的要素のある作品のラジオが、ドS番組に昇華されたこともありました。気づいたら純愛部分が消えていた不思議。アニメ『君が主で執事が俺で』から派生した番組『潮風放送局～みなとらじお！』(みならじ)です。作品が、主であるヒロインたちに執事として仕える男性主人公の物語だったので、私たちパーソナリティの女性声優2人も当然「パーソナリティの私たちが主で、リスナーが仕える側だな」という認識でラジオを進行しました。現場に誰も止める人がいなかったんですよ。

主従ラジオと呼ばれていたみたいです。そのうち、ドMしか投稿してこなくなったので、私たちは遠慮なく暴言を吐き続けました。ついてきてくれた従順なリスナーには感謝しかないです。このラジオも長寿番組になり、さらにラジオCDも多く制作、販売されました。

世の中は想像以上に病んでいるのです。

ヒロインたちを差し置いてパーソナリティに選ばれた荻原秀樹先輩と、先輩を先輩扱いしない後輩の私と、パーソナリティをパーソナリティ扱いしないラジオスタッフと、なじみすぎてゲスト扱いされなくなったゲストたちの記念撮影です。
そんな作り手たちのせいか、癖の強いリスナーたちのせいか、純愛作品の原型をとどめないテイストになった長寿ラジオに乾杯。
……写真キャプションが本文なみに長い。

作品に付随するラジオは、作品を紹介する目的で作られますが、こうして番組単体の人気が出れば、アニメの放送が終わり、ＤＶＤ最終巻が発売された後も延々と続くものも出てきます。それは私たちにとってとてもうれしい誤算です。

そんな誤算と新規の番組開始が重なり、ラジオ番組を同時に６本持っていた時期があります。無茶がすぎる。しゃべることがなくなる。

うれしい誤算が重なると、こんなことも起こるという事例です。うれしい誤算からのうれしい悲鳴からの悲鳴。

グループがいっぱい

歌って踊る活動もどんどん増えました。『らぶドル ～Lovely Idol～』（２００６年10月放映開始）、『ひだまりスケッチ』シリーズ（２００７年１月放映開始）、『さよなら絶望先生』シリーズ（２００７年７月放映開始）、さらに『涼宮ハルヒの憂鬱』（２００６年４月放映開始、２００９年４月第２期放映開始）も続いているので、４つのグループのステージが重なっていた時期があります。

これだけグループがあっても、それぞれの座組みによって、まったく性質が異なるのもおもしろかったです。

『涼宮ハルヒの憂鬱』の場合は、スタッフ陣ががっちりとスクラムを組んでいたのが印象的です。振り付けの先生が付いていて、稽古のたびにビデオを回してチェックするという、本格的なレッスンが行われ、私たちは理想形、キャラクターが踊るダンスの再現を目指して努力しました。お客さんの側にも「いいステージを見たい」「『ハルヒ』らしい、すごいショーを見たい」という願望があり、期待も大きく、私たちもそれに応えようと意気込んでいました。

『らぶドル ~Lovely Idol~』は、それぞれのキャラクターがアイドルをめざす物語なので、激しいダンスというよりはアイドルらしいキュートなダンスです。やはり本格的に振り付けの先生がつきました。音楽活動の経験が豊富なメンバーが多かったので、彼女たちが他のメンバーを引っ張ってくれました。キャプテンを中心にまとまる部活動のような雰囲気で楽しいです。ただ、衣装が、キャラクターたちの衣装に寄せた、ピンク基調のリボンの多い衣装なんです。かわいすぎて着るのが申し訳ないくらいのしろ物。あと、私だけ他のメンバーとサイズが違うのも困りものでした。衣装さんが各々のサイズを測って、ぴったりに作ってくれるので余計に顕著です。しかも私、サイズ測られる時にお腹へこませたから（これ誰でもやるでしょう？　わかるでしょう？　なのに衣装さんったら信じて測ったサイズのまま作ってくれたものだから）、まぁ、きついきつい。また、生地がサテンなので伸びません。後悔しました。楽屋でお弁当も食べられなかったんですから。これから先、どんな嘘をつくことがあっても、衣装さんにサバを読むのだけはやめようと思います。

『さよなら絶望先生』は、突き抜けたセンスのギャグマンガ原作のアニメです。だけど、主題歌や劇中歌は、曲もアニメーションもクールでスタイリッシュです。このギャップも評判になりました。メインキャラクターを担当する私たちは「絶望少女達」と呼ばれ、大槻ケンヂさんや、ＲＯＬＬＹさんと一緒に歌う主題歌もありました。

ライブ会場は日比谷公園大音楽堂。野音で大槻ケンヂさんも出演するライブは、独特なアニメの世界観も相まって、すさまじくかっこいいものでした。アニメとのギャップがあればあるほどおもしろい。私たちも「クールにきめよう、そのほうがおもしろいから」という意識を持っていました。楽曲はもちろんですが、衣装もショート丈の着物にロングブーツという、当時では異彩を放つ特徴的なものでした。幕間のトークは普段どおりにふざけますが、いざ、歌って踊る時は、いっさい笑いません。全員、別のスイッチが入ったようなステージは、舞台袖から思わず見とれてしまうほどでした。『ひだまりスケッチ』は、ここに入れていいのか？ってくらい、この中では系統が違います。

作品自体が同じ学生寮に住む美術科の女の子たち4人の日常を描いた物語だったので、ステージ裏の楽屋の雰囲気も作品に似ていました。そもそも、このアニメ『ひだまりスケッチ』は収録現場からして少し変わっていました。出演者のテンションが他の作品に比べて低い、というか緩やかです。偶然そういうタイプの声優がキャスティングされたのか、録っているうちに全員が原作マンガの持つ「ひだまり」のような雰囲気に寄ったのか、やる気はちゃんとあるけど、それが表に見えないメンバーの集まりでした。

誰も飾らず、気張らず、人見知りが多く、距離感を縮めるのが他の現場よりも遅いのも特徴だったかもしれません。作中でキャラクター同士が近づくよりもゆっくりと、私たち阿澄佳奈ちゃん、水橋かおりちゃん、新谷良子ちゃん、私は近づきました。それは心地よくて楽ちんな空間でした。

なので、イベントに関しても「ついていく」「引っ張って」「任せる」「リードして」とお互い言い続けるグループ活動。スタジオでもイベントの楽屋でも、この雰囲気は変わらなかったです。そしてそのノリのままステージに上がっていきます。お客さんも似たもの同士だったのか、完璧なステージを期待していなかったと思います。失敗を笑って楽しんでくれる空気がありました。

あるアニメフェスで主題歌を披露することになった時、私たちは「練習もあるだろうから」と主催者側から一番広い楽屋を割り当ててもらえたんです。ところがその楽屋で、くつろぎ、寝転がり、お弁当を食べ、おしゃべりをし、おやつを食べ、「誰かひとりくらい『練習しよう』って言うメンバーいないの？　私たち」って発言が出た時は笑ってしまいました。ちなみにステージでは、他の人の振り付けを見ながら踊りたいという考えを皆が共通して持っていたので、全員がちょっとずつ後方に下がっていくというステージングで、主題歌「スケッチスイッチ」を披露。これを「ひだまりクオリティ」と呼んでいました。反省！　でも楽しい。

どのグループにもそれぞれの個性がありますが、共通して言えることは、歌いながら踊るのは難しいということと、誰かが失敗しても誰かがフォローしてくれる安心感があること。これは、ソロの活動では感じられないグループならではの魅力ですね。

その頃以降、アニメのオーディションを受ける条件に、顔出しや歌唱だけでなく、コスプレ、ダンスの可否が問われるケースも増えました。

「グラビアや歌どころじゃなく、コスプレしたり踊ったり、声優ってたいへんな業務になってきたね」と声優の友だちに言ったら、「あなたたち、ＳＯＳ団がそうしたんでしょう！」とツッコまれました。

なるほど、原因の一端を担っていたのかもしれません。

『コードギアス』

これまで私が演じてきた役は、ふわっとした雰囲気の、かわいらしい女の子が多かったです。

まったく印象の違うタイプとしては『コードギアス　反逆のルルーシュＲ２』（２００８年４月放映開始）のアーニャ・アールストレイムが代表的でしょうか。

この作品は、２００６年に放映された『コードギアス　反逆のルルーシュ』の続編にあたります。

『コードギアス　反逆のルルーシュ』は当時、すでに大人気の作品でした。私はそのセカンドシーズン、『コードギアス　反逆のルルーシュＲ２』から登場する新キャラクターのオーディションを受ける機会に恵まれました。

『コードギアス』シリーズは、内容がすごく複雑で、難しく、また、謎が多いところも特徴でした。そのため、キャストに対しても、先のストーリー展開は、いっさい明かされません。通常の作品であれば、このような運命をたどり、役を振られた段階で「このキャラクターはこういう人物で、ここで戦死します」「が、その後も回想シーンで出ます」などの情報は教えてもらえるものですが、『コードギアス』シリーズに関しては、そういった情報はすべて秘密にされているようです。スタジオでアフレコする時に、次週収録する台本が渡され、そこで初めて自分のキャラクターが次週、どんな運命をたどるのかを知るのです。「私、来週死ぬ！」とショックを受けるのも、ままある光景だったそうです。

ここまで徹底した現場ですから、私がオーディションを受けた時も、キャラクターの設定は謎のままでした。渡された資料にはキャラクターの名前とイラスト、あとはオーディション用のセリフが少しだけ書いてある程度。設定も書かれていないので、自分がよい子なのか、できる子なのか、味方なのか敵なのかもわかりません。先入観なく、セリフを聞きたかったのかもしれません。最初は、ただ、「思うようにやってみてください」と言われるだけでした。

いただいた資料のアーニャが無表情だったので、はじめは淡々と演じました。すると、谷口悟朗監督から「もうちょっと笑って言ってみてください」とか「じゃあ次は、元気な女の子でやってみてください」「次は、大人の女性を演じてみてください」と、キャラの絵柄にはどうにも合わない、いろいろなオーダーをいただきました。

通常のオーディションであれば、演技をした後に「この子にちゃんと寄せられたな」とか「作り込みすぎちゃったな」など、自分で手ごたえや反省点があるものですが、この時ばかりは、まるでわかりませんでした。はたしてどれが、何番目の演じ方が正解だったのか、そもそも彼女がどんなキャラクターだったのかわからずじまいでしたから。でも、いろいろなことにトライさせてもらえた、この通常よりだいぶ長いオーディションの時間はすごく楽しかったです。自分の持っているもの、スキルすべてを、全力で使えた時間でした。

アーニャ・アールストレイムは、謎の多い『コードギアス』シリーズの中でも、輪をかけて謎の多いキャラクターです。クールというより、単にやる気がないようにも見える。しかし〝なぜか〟実力がすごいので、決めるところは決めてしまう。もし先に設定を知らされていたら、私はあざとく演じていたかもしれません。これまで私が演じてきたどの役とも異なるキャラクターでした。

この『コードギアス』の収録現場は、人数が多かったのも特徴です。キャストは30人を超えていました。収録スタジオも大きなスタジオでしたが、それでも満員になるくらい、一度に20人くらいは収録していたと思います。通常のアニメ作品ではなかなかない人数です。その人数で、かなりのスピードの「マイクワーク」が展開されます。基本、4本のマイクが立っていました。マイクワークを苦手とするメンバーはいなかったのですが、大人数で一斉に戦うシーンは、それでも難しいくらいの複雑さとスピードでした。

物語もシリアスで、人の生死が懸かったシーンが多かったのでキャスト全員のお芝居にも鬼気迫るものがあります。皆で積み上げる、これだけの熱量のお芝居を、自分のミスで台無しにするわけにはいかないと、誰もが思っています。正確なマイクワーク、正確なタイミングでのアフレコ、そしてもちろん、お芝居が求められます。協力しながら真剣勝負をしている。緊張しながら興奮もする、この現場は、何かのチーム競技のような感覚もありました。

『コードギアス』シリーズは、今も収録する機会が多いです。２０１７年から２０１８年にかけて劇場版3部作と、２０１９年の新作映画『コードギアス 復活のルルーシュ』が公開され、また、スピンオフ作品やゲームが今現在も続いています。アーニャを演じるのはもちろん楽しいですが、アニメ本編では死んでしまった、兼ね役のモニカ・クルシェフスキーを演じる機会が多くなってきたのもうれしいです。私が「来週死ぬ！」を経験した役です。この原稿を書いている今も、手元に来週録る台本があります。皆に長く愛される、新しいストーリーを待たれ続けるって、あらためて、作品としてすごいことです。

座長、再び

2008年4月に始まったアニメ『S・A スペシャル・エー』で再び座長の役割がまわってきました。原作が少女マンガなので、女の子が主人公です。といっても、スタジオにいるキャストもスタッフも同期、同年代くらいのメンバーが多く、特に座長の役割を意識しなくても、宮尾佳和監督、飯田里樹音響監督はじめスタッフも、キャストも自然に会話が弾む現場になっていきました。

収録後は毎回、メインキャスト揃ってごはんを食べていたくらいです。各々が、次の現場に移動しなきゃいけない時間ギリギリまでお店で粘ってしゃべっていました。

仲の良い現場は多いですが、メインキャストが誰も欠けることなく収録のたびに揃ってごはんを食べていた現場は珍しいかもしれません。なかには、別現場に行って収録を終えてから「まだ皆いる?」と、お店に戻ってくるパターンもありました。

作品に付随する企画で「自分は天才肌ですか?　秀才肌ですか?」という質問をされたことがありました。秀才肌で努力家の主人公が、天才肌のライバルとの勝負の日々を送るエピソードが多いので、そのテーマに沿った質問だったと思います。たしかメインキャストでもこの2択の回答は分かれました。私はもちろん、ここまで読んでくださった方はわかると思いますが「秀才肌」です。2択とはいえ、自分を秀才と称するのは勇気がいりますね。

私が秀才を選んだ時に、他のメンバーから

「そうなんだよね、邑子ちゃんって、見えないけど、努力家だよね」

「うん、ゴッさん、意外にまじめだよね」

と言われました。ええ。私は学生時代からずっとまじめな努力家です。

なのになぜかよく、「見えない」「意外に」という前置きがつきます。声が脱力系だからか、育ちが悪いからか、態度がデカいからか、とにかく、私のこの、がんばり屋さんの要素ってまわりに伝わりにくいみたい。解せない。

M先生の別れ方

上京後もM先生との交流は続いていました。帰省した時にはM先生に会いにいきました。しかし、しょっちゅう愛知に帰って顔を合わせていた以前とは違い、忙しくなったこの頃は、帰省できるのは正月の数日のみになっていました。

そんなある年の正月のこと、最寄り駅まで車で迎えにきてくれた父が突然切り出しました。

M先生が亡くなった、と。

M先生が入院していたことも、亡くなったことも、すでに葬儀がすんでいたことも、私はまったく知らされていませんでした。今年も会えるつもりでいました。

あれだけ仲がよくて、気が合って、お世話になった恩人との最後のお別れがこんなかたちなのかと、さびしいやら申し訳ないやら。きっと先生は私に会いたかったんじゃないかと想像すると、余計にいたたまれませんでした。

「これは、先生の意志かもしれない」

そう思い直したのは、しばらく経ってからです。

先生だったら、自分の死期が近いことぐらい予想できたはずだから。私に何も言わなかった、匂わせなかったのは先生の意志なんじゃないかと思い始めたのです。

先生が私に弱っていることを伝えなかったから、私は先生の弱った姿を見ていないのです。

本当のところはわからないけれど、おかげで、今も私が思い出す先生は、お茶目で、たくさん飲んで、飲みすぎてちょっとふざけた話をして笑う元気な姿なのです。

弱った先生を想像できず、私たちの間には楽しかった思い出しかない。これは私にとってうれしいことです。

先生のお墓は、私の作った後藤家のお墓のすぐ斜め後ろに作られました。結果、私たちはまた近くにいます。

第5章

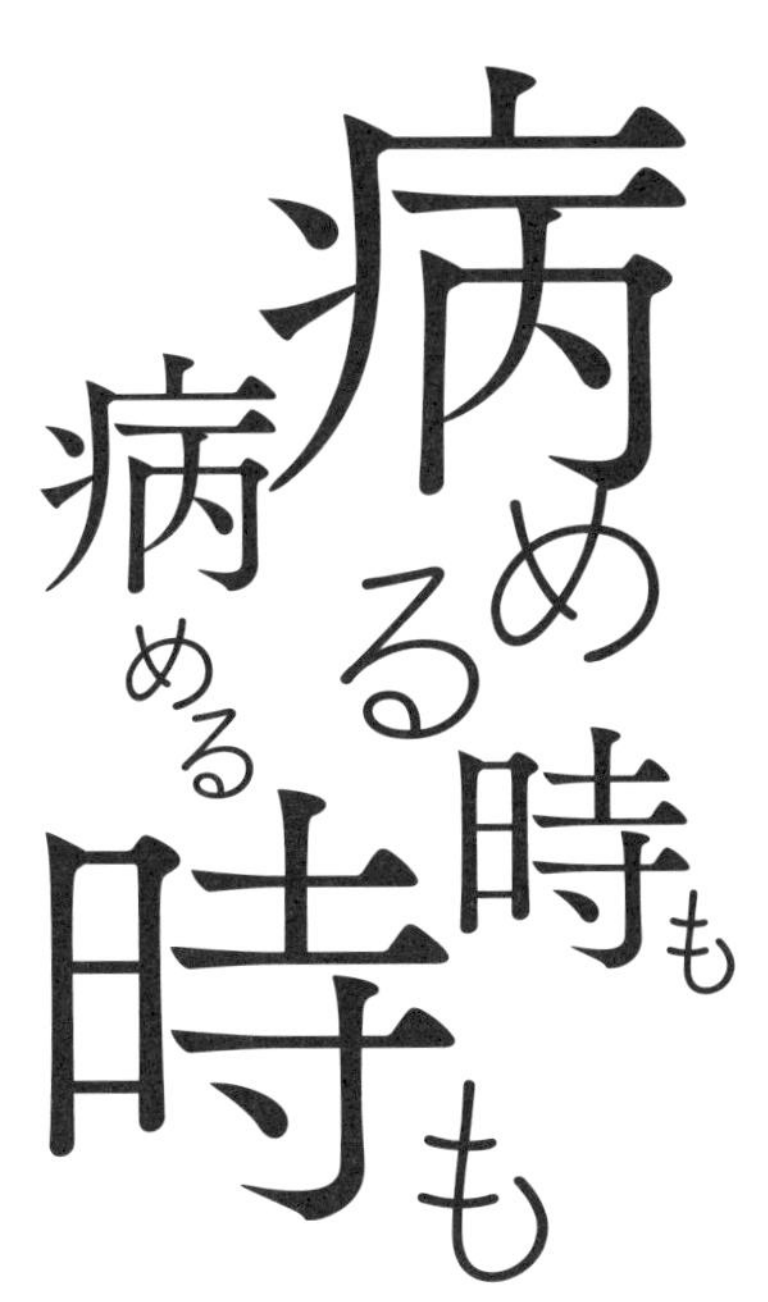

病める時も病める時も起きあがる時も

見ないフリ

仕事のオファーは途切れることなく続きました。どれも魅力的で、やりたいものばかりでした。常にアニメ複数本とラジオ複数本、ゲーム複数本を並行して収録。週末はイベントに出演し、空いている曜日には歌のレコーディングを入れ、さらに隙間時間には取材や撮影をこなします。基本的に休日はなくなりました。通院は月に一度、その後は採血の注射跡にシールを貼り付けたまま、スタジオへ急ぎました。

毎日、ずっと何かの仕事をしている状態でした。当たり前ですが、この働き方が、私の身体によいはずはありません。

でも楽しかったのです。どれもやりたかった。休むためにどのオファーを断る？どのキャラクターをあきらめる？と考えてみても、結論は「どれも無理！」でした。

声優の友人たちからも「邑子ちゃん、いつ休めてるの？ 大丈夫？」と、しきりに心配されました。「痩せた？」と聞かれることも多くなりました。実際に私の体重はデビュー時と比べると20キロ減っています。そんな時は「歌って踊っていたら痩せたよ」と答えていました。それでみんなが納得するくらい、ステージを掛け持ちしていたのは事実です。

しかし、自分の身体がよくない状態にあることは、自分が一番、理解できていました。上京して以来、定期検査にはずっと通っていたので、数値を見れば一目瞭然です。薬を増やし続けても追いつきません。

主治医からは、「紫斑病とは別の病気も発症しているかもしれません」と、精密検査を勧められました。しかし、私は頑として承知しませんでした。もし精密検査を受けたら、絶対に悪い結果が出ると予測できたからです。そんな結果が出たら仕事を休まなきゃいけなくなる。

マネージャーたちにはよく

「1回、病院に行きませんか？」

「いったん、検査してもらいませんか？」

と言われていました。病院ならとっくに通っています。ここに至っても、まだ所属事務所には持病のことを隠していました。病気を理由に仕事を取り上げられ、やりたいことができなくなってしまうのは恐怖でした。

病院では定期検査のたびに、精密検査を「受けろ」「受けない」の押し問答が続いていました。私は全部、見ないフリをしていたかったのです。

次第に、定期検査から足が遠のいていき、2010年頃、ついに私は病院に行かなくなりました。必然的に、薬も処方されません。それまで服用していた薬が途切れるのは危険なことです。

これは、毒が抜けていく辛さ?

そして私は、民間療法に頼るようになります。

民間療法とは、必ずしも科学的な根拠には基づいていない医療行為全般のことで、統合医療と看板に書かれていることも多いです。統合医療の医師の中には「薬は毒」と考える医師も大勢いて、私が通ったのはそういう医師のクリニックでした。治療法は、成長因子やビタミン類の点滴、様々なサプリメントやドリンク、漢方薬を出されたりするのですが、保険診療ではないので高額です。実際に毎月、何十万円もの〝治療費〟を支払う私は、上客だったと思います。

「足がむくんで靴が履きにくいです」と相談した時には、「長年にわたってステロイドや免疫抑制剤を大量に使ってきて、体内に毒が溜まっています。その毒が抜けていく時の、一過性の辛さです」と説明されました。そうか、一過性なのか。じゃあ、この辛さを乗り切れればと、医師に勧められるままに新しい点滴やサプリを増やしました。帯状疱疹が出た時も、薬に頼らないことを推奨されました。免疫が弱った時に、体内に潜んでいるウイルスが暴れて出る症状が帯状疱疹らしいです。「薬はその症状を抑えるもの、あくまで対処療法であって、根本解決ではありません。根本的に治すのは自分の免疫です。自分の免疫を弱らせず、ちゃんと働かせることが肝要です」と諭されました。健康な人であれば問題はなかったのかもしれません。私は納得しました。そうしてずっと、信じたいものを信じてしまいました。

M先生がいれば違ったでしょう。M先生を失った私と、私の免疫は暴走しました。

この頃、私は事務所を移籍します。声優の先輩、森川智之さんが立ち上げた事務所、アクセルワンに所属させてもらいました。バオバブ時代にずっとお世話になっていたマネージャーやデスクも移籍していたので仕事の移行はスムーズでした。そのかわり、私の情報はリセットされず、「病院に行きましょう」は変わらず言われ続けました。

民間療法のみを頼るようになって1年が経ち、血液検査で数値を測らなくてもわかるくらいに、身体には症状が出てきていました。

帯状疱疹が広がったことで、着られない衣装が増えました。足がむくんで靴が履けなくなり、いつもスリッパのようなサンダルで現場に行くようになりました。関節が痛くて、手すりに頼らなければ階段が下りられず、手すりのない場所ではマネージャーに肩を貸してもらいました。立ったり座ったりするだけでも一苦労なので、収録は椅子を出してもらい、座ってアフレコするようになりました。周囲も「後藤さんの様子がおかしい」と気づいていました。

それでもステージに上がった時には、そういった様子をお客さんに感じさせないように、普段どおりに振る舞っていました。そしてステージが終わると、真剣に私を叱ってくれました。声優仲間たちも一緒にそう振る舞ってくれました。友人たちの誠意を笑って受け流しながら、「待って、倒れるまでやらせて。もうちょっとだけ待って」と心の中で思っていました。私はとてもバカだったのです。

ファーストライブはラストライブ

ファーストアルバムからお世話になっているプロデューサーの櫻井さんから「そろそろライブをやってみない？」と言われました。これだけアルバムを出していたら普通はとっくにライブをやっているタイミングです。じつはこれまでにも何度かライブは勧められていました。私は、「歌唱レッスンをうけてから」「もう少しうまくなったない。

ら」と先延ばしし続けていました。だって、生で歌うには私の歌唱力はあまりに足りない。

でもこの時ばかりは「やりたい！」と思いました。そんなに長くは自分の身体がもたないという予感がありました。生死のようなシビアなものを考えたわけではないです。この時はまだ、通常の声優業は続けられると思っていました。ただ、今のようなタレント活動はそろそろ身体が限界を迎えるだろうと、身体が自由に動いて声が出て、皆の前に元気な姿で出ていける時間は残り少ないだろう、という予感です。

スタジオは去らないけど、ステージはきっと去る。だったら早く、応援してくれている人たちに会おう。大げさだけど、去る前に「ありがとう！」をちゃんと伝えておこうと思いました。

これはファーストライブであり、「ラストライブ」でもあります。

ライブは２０１０年の10月。

ライブ用に新しいアルバムも作ることが決まりました。さらに、１曲だけ、作詞作曲もすることになりました。「１曲作ってみない？」と言われた時に、作曲は未経験でしたが、やれること、やってみたいことは全部やろうと前のめりに受けました。

思い出作りというのはよい表現ではないですが、もうじき終わるであろう私のタレント活動に、ひとつでも多く宝物を残したいと考えました。

チャレンジするなら、さらにチャレンジを加えようと、英語で歌詞を書きました。得意と言いながら今まで使うチャンスがほとんどなかった私の英語力。私はこの、隠し続けた小さな小さな爪を全力でモロ出しにしてみようと思ったのです。

4枚目のアルバム『Gigson』は2010年9月に発売され、その中で、私の作詞作曲した「AMELIA」はTVアニメ『祝福のカンパネラ』のED主題歌に決まりました。私にとって、夢見た以上のことが起こりました。

アルバムが完成し、文化放送の自分のラジオ番組で宣伝しようと持ち込んだ時、別番組で偶然、局内にいた、たてかべ和也さんに会いました。

「邑子がこんなに売れっ子になるとはなあ。うれしいもんだなあ」と笑って、恩師は私の4枚目のアルバムをもらってくれました。ありがとうね、かべさん。私は自慢の教え子のひとりになれたかな？

ファーストライブ『GO TO 〝GIG〟』は、2010年10月と12月、2回開催されました。

私のアルバムを手に笑う恩師、たてかべ和也さん。
かべさん、ありがとうございます。

2010年に開催されたファーストライブ。ダンサーの4人のポテンシャルがすごい。

初めてのライブは緊張しましたが、ステージ裏にいてくれるなじみのスタッフと客席のみんなのおかげで、不安より楽しい気持ちが大きかったです。

ソロでのステージングの経験が浅い私にとっては広すぎるステージを、バックダンサーの子たちが踊って派手に魅せてくれました。もともとは生バンドを入れる提案をされていましたが、バックダンサーを置く構成を希望したのは私です。このライブに参加してくれた皆が、いつか思い出してくれる時に「お祭りみたいだったなぁ」と、すぐにその時の光景が思い浮かぶものにしたかったのです。

思えば今までアルバムを出す際も、私が一番自分の意見を通してきたのはジャケットやPV、いわゆるビジュアル的な部分でした。

ライブには、ゲストとしてダメ元で呼んだ好きな先輩たちも駆けつけてくれました。大成功と言ってもいいくらいに、自分の実力以上のことができたライブでした。

気持ちは、ファーストライブ兼ラストライブ。みんなの喜ぶ顔も見られたし、伝えたいことも言った気がするし、これで、いつ去ってもいい。けど、なるべく長くいられたらなぁ……。

いつこの表舞台を去ってもよくするための「今までありがとう」のライブでしたが、去りたくない気持ちが強くなってしまいました。

ダンサーの皆と、駆けつけてくれたゲスト（左からbambooさん、緒方恵美さん、私、荻原秀樹さん、櫻井優香さん、橋本みゆきさん、岩田光央さん）と一緒にステージへ。忘れないです。来てくれた皆さん、ありがとうございました。

かつてあれほど敬遠していたタレント活動を、こんなに愛おしく思う日が来るなんて想定外。想定外のうれしさとさびしさです。夢のような時間でした。

むくんだ足でフィンランドに行く

フィンランドで２０１１年６月に開催されるアニメイベントで、ライブをしてほしいと招待された時も即答しました。やりたい。行く！

当時の主治医、と言っていいのか、通っていた民間療法のクリニックの医師には「飛行機に乗るなんてとんでもない」と言われました。その理由は人体のパワーがどうのといろいろ説明されてもよくわからなかったのですが、飛行機の上で私は自分のむくんだ身体がいつも以上にパンパンになることを知りました。痛い痛い痛い。脚も腕も指も動かさなくても痛い。高度が上がると気圧の変化で、普通の人でもむくみがちです。私のむくんだ足はさらに膨らみ、あえて選んだブカブカの靴すら履けなくなりました。痛みで眠れず、脚のマッサージをした手指も痛くなる始末。過程の理屈はどうあれ、飛行機に乗るのは「とんでもない」ことではありました。

でも降り立ってしまえば、綺麗な夏の北欧の地、痛みより断然、感動が勝りました。

日本語が堪能な大勢のイベントスタッフが常にエスコートしてくれるので、しかも余裕のあるスケジュールを組んでもらえたので、観光もたくさんできました。本当にどこを切り取っても美しい景色の国。

私のライブが開催されたのは、かの有名なシベリウスホールでした。私ですら知っているシベリウスさんの名を冠する、荘厳で、美しい、木造の音楽ホール。しゃべっても歌っても音の響き方が違います。そこで歌った「スケッチスイッチ」と「恋のミクル伝説」の響きがとても気持ちいい。

同じくゲストで参加していた田中公平さんのコンサートにも飛び入りで参加し、田中さんと、フィンランドのミュージシャンの方たちのすばらしい演奏で歌うこともできました。「恋のミクル伝説」が高尚な楽曲に聞こえました。私の人生では起こりえなかったであろうことばかり。

覚えたフィンランド語はキートスとモイモイ。ありがとう。バイバイ。

『地球ラジオ』で親孝行

両親は私の「声優・タレント」としての具体的な仕事を知りません。

出演した作品をほとんど知らないのです。まして声優として歌ったり踊ったりすることがあるなんて想像もできなかったと思います。学校で生徒たちに「先生の娘さんって後藤邑子さん？　○○に出てる？」と聞かれても本当にわからなかったそうです。私に「難しくて長いタイトルを言ってたよ」と言っていました。「すずみやはるひのゆううつ」かな？「こーどぎあす　はんぎゃくのるるーしゅあーるつー」かな？

親からしたら、私がちゃんと通院して元気で生きていてくれたら万々歳なんです。本音は、働いてほしくないと、よくこぼしていました。私も、「大丈夫だよ。声優の仕事は全然動かないから楽ちんだよ」って、大嘘ついていました。嘘も方便ってこういうことです。

肉体的にハードそうな活動、歌唱やダンス、特に海外イベントは徹底して秘密にしていました。

ファーストライブをやる時に、音楽レーベルの人から「親族のご招待席は何枚必要ですか？」と聞かれて、「親族席はなくて大丈夫です」と答えて驚かれたこともありました。記念すべきファーストライブに親を招待しないのって珍しいみたいです。

私は長く病気を患っていて、妹は亡くなっている。だから、親の心配する気持ちは

2011年、フィンランドのシベリウスホールにてライブのリハーサル。音がやわらかく深く響きます。

田中公平さんやフィンランドのミュージシャンの方たちによって「恋のミクル伝説」が演奏される日がくるなんて……！

すごくわかるんです。おとなしく安静にして長生きしてほしいって気持ちは。でも私は従いたくない。選ぶ権利は私にある、私の人生だから。だから、たいへんそうな仕事をしていることはいっそ秘密にしたほうが双方にとってよいだろうと判断しました。両親はパソコンもスマホも持っていないし、テレビもほとんど観ないから、私が言わなければ声優タレントとしての活動は知られません。

唯一、ＮＨＫラジオ第1の『ラジオ深夜便』の特番、『昼間便』に出た時はリアルタイムで偶然聴いたそうです。そういえばうちの家、ＮＨＫラジオつけっぱなしだったな。

その時は驚いて、喜んでくれました。私もうれしかったですよ。いい年して、親に褒められて喜ぶなんて恥ずかしいけど。

だから、つい、オファーされた時に受けてしまいました。身体はもうぼろぼろだったのに。ＮＨＫ第1の夕方のラジオ『地球ラジオ』のパーソナリティを打診された時、『ラジオ昼間便』でひさしぶりに親に褒められてうれしかったことを思い出してしまったのです。子どもっていつまでも子どもなんでしょうか、親にちょっとは認めてもらいたい。

声優になった時も、主役を演じた時も、声優アワードを受賞した時も、日本レコード協会からゴールドディスクの盾をもらった時も、一宮高校の卒業生代表として中日新聞に載った時も、いまいち反応が薄かった親が、ラジオを聴いた時だけはウキウキしていたのですから。

この頃の私は、倦怠感が強くて立っていられず、収録を「抜き録り」でお願いすることが増えていました。ひとりきりで、椅子を出してもらって座って録るのです。また、寝転がると溺れているように息苦しくなってしまって、座った状態でなければ眠ることができなくなりました。

ラジオのホームページ用の写真を撮影する時も、指が腫れすぎて伸ばせずうまくポーズがとれませんでした。

その状態で、2012年4月からパーソナリティとして『地球ラジオ』に参加しました。毎週土曜日と日曜日の夕方からの生放送です。放送前に綿密な打ち合わせもあり拘束時間は長かったです。でも穏やかでおもしろい共演者の後藤繁榮（しげよし）さんと優しいスタッフの皆さんに囲まれた現場は楽しかったです。リスナーから、私の高い声が聞きとりづらいとお手紙が届き、途中から低くしゃべる努力もしました。しかしそうすると今度は息の圧が足りず声が出ないのです。あれ？　こんなに低い声って難しかったっけ?と自分でも謎でした。肺に障害が出ていることに気づいていなかったのです。いろいろなアイデアを出しながら皆で番組を作っていくのはおもしろく、充実感がありましたが、後半はもう覚えていません。ただ「身体が痛いよう」と思いながらしゃべっていました。欲をかきましたね、私。

いったん、検査を受けましょう

2012年5月のこと、ついに業を煮やしたマネージャーたちが、3人がかりで説得に来ました。

「いったん、検査を受けましょう」

「仕事は続けられますから」

「付き添いますから」

さすがに私も承諾せざるをえませんでした。だって、まともに動けないんです。これは、さすがに、もうダメだと、観念しました。

「自分で行きます」

と答えたけれど、それは信用されず、

「じゃあ明日、家まで迎えにいくので、そのまま病院に運びますね」

と釘を刺されました。

私の体重は、歌って踊っている7年間のうちに、68キロから48キロまで落ちました。しかし、この頃はなぜか増え始めていました。60キロ台に戻った時には、食べすぎてもいないのに何で？と凹みました。身体の中ではそれどころじゃないことが起こっていたのに、痛みや苦しさに慣れてしまった自分の感覚はそうとう鈍かったのでしょう。私の身体は水分が排出できなくなっていました。

入院直後に、薬剤の点滴と同時に、全身から水を抜く処置をされました。何日間かかけてゆっくり抜いたのですが、すべての管が外されてから体重を測ったら43キロでした。１６３センチの43キロはちょっとしたモデル体型にも聞こえますが、筋肉は落ちてしまっている43キロなので、スレンダーって感じではなく、げっそり。おばあちゃんのような身体でした。

入院

「明日、朝から仕事なんですけど、何時頃に帰れそうですか？」

大学病院に検査を受けに行った日、身体中にいろんな管を繫がれながら、私はそう尋ねました。

「帰れないと思いますよ」

看護師さんが苦笑して答えました。検査の結果、私は「全身性エリテマトーデス」と診断されました。

持病の紫斑病と同様、自己免疫疾患の一種です。自己免疫疾患は免疫が自分の身体の細胞を攻撃してしまう病気ですが、その攻撃対象が血球だったり、臓器だったり、あるいは皮膚だったりとわからないことから「全身性」と言うようです。原因は、まだハッキリとは突き止められていないようです。紫斑病の症状がひどくなったと思っていたのですが、別の病気が始まっていたことがわかりました。

「これだけ高い（炎症の）数値は、自分の医者人生で初めて見た」

医師からは、そう告げられました。そこそこ年配の先生が見たことないってどれほどなんだろう？とショックでしたが、それ以上に驚いたことは、「全身性エリテマトーデスでは死にません」と明言されたことです。自己免疫疾患は、かつては不治の病のように扱われていました。あれから何十年も経った今、寛解するための治療法は確立されていると説明されました。それはうれしい誤算でした。私の知らないうちに、医

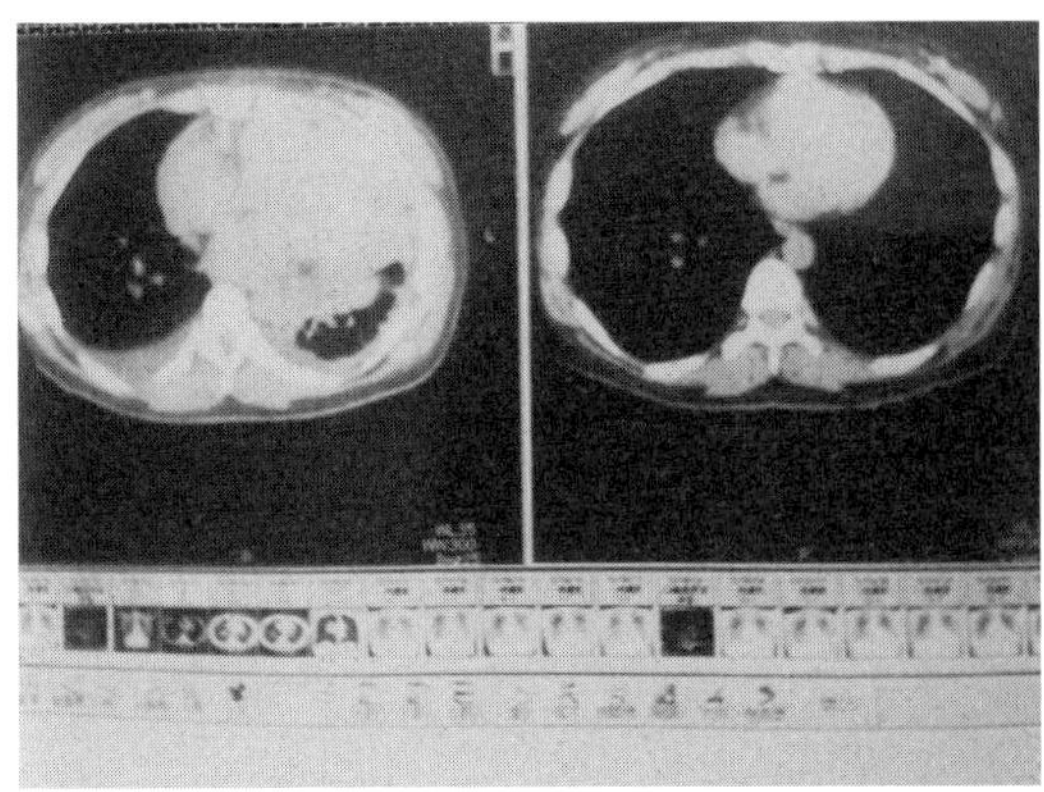

左側が入院時のCT画像です。心臓と心膜の間に心嚢液が溜まって心臓が大きくなっています。肺には胸水も見えます。右側は半年後の画像。ここまで治りました。

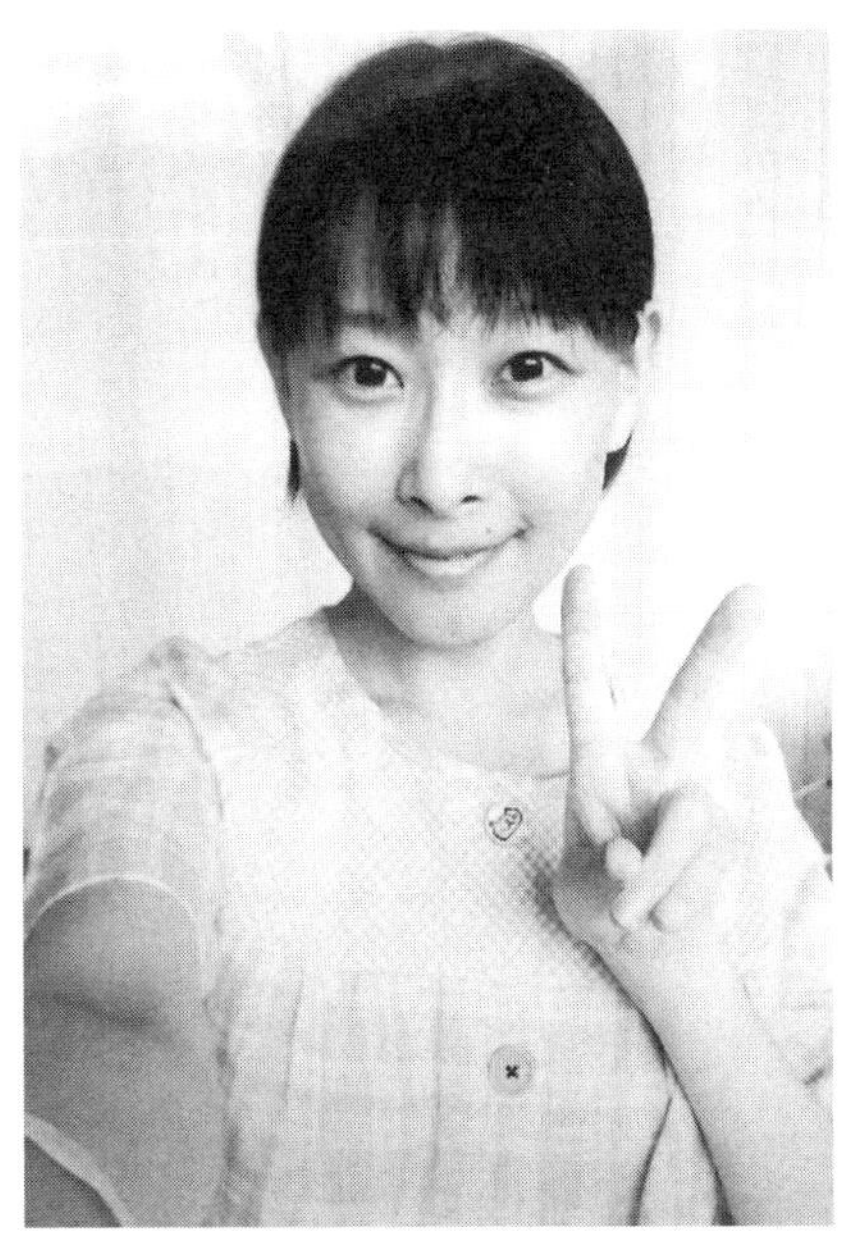

緊急入院した2012年春、病室にて。身体に繋がれた管がすべて外された日の写真です。

学は進歩していたのです。

「それよりも問題は、心臓です」と言われました。心臓が免疫によって傷害されていて、心嚢(しんのう)液が漏れ出し、心膜のあいだに水が溜まってしまい、臓器を圧迫して心臓がうまく脈打てなくなっていたのです。また、肺にも水が溜まっていました。胸水と呼ばれるものです。寝転がると溺れているように息苦しくなったのは、この胸水が原因だったようです。

結局、そのまま緊急入院になりました。

この時は病名を公表する気はありませんでした。そもそも病気なんて進んで人に話したいものではありません。いわば弱点のようなもので、できることなら誰にも知られたくなかったです。まして体力勝負の一面もあるこの仕事に就いている今、病気のせいでキャスティングを躊躇されるかもと思うと余計に隠したい。このまま静かに入院生活を送り、退院したら、しれっと現場復帰すればいいや、くらいに考えていました。

ところがインターネット上には、「後藤邑子死亡説」が流れはじめました。

考えてみれば、それまで休まず仕事をしていたのに、ある日、いきなり消えたのです。

入院を機に、演じていたキャラクターは別の声優に変更され、ラジオ番組は新たなパーソナリティに引き継がれるか、番組自体が休止、終了しました。誰の目にも「私に何かあった」のは明らかです。そしてその理由がどこにも書かれていないのですから、死亡説が出るのも無理のないことかもしれません。

「それにしても死亡説は気が早いだろう！」

と病床でひとり叫んでちょっと笑えました。実際、身体中になんらかの管が繋がれ、身動きもとれない状態で、ネットの噂に全力でツッコんだ自分に呆れたのです。

こんな時でも噛みつくことだけは忘れないいんだから。

病気は隠したかったことです。

でも、隠せないいんだったら正確に伝えたい。これは死ぬような病気ではなく、回復したら現場に戻れるんだよと。働きすぎたから、ちょっと休むだけなんだよと。

死亡説書いたのはどこのどいつだい？と。

SNSは得意じゃないけど、この時はブログをやっていてよかったと思いました。自分の言葉で直接伝えられる場は貴重です。他のSNSに比べてあまりメジャーじゃないのも、人と繋がりにくいのも私にとっては都合のいいフィールド。

ＳＮＳやってるのに広まりすぎたくない、繋がりすぎたくないって天邪鬼ですが、ほどよい距離感が好きなんだと思います。私に興味のある人だけが私を少し知っているくらいが心地いい。

声優のプライベートってミステリアスなくらいがよくないですか？　キャラクターの後ろに私のリアルが匂わないほうが。特に私は自分とかけ離れたキャラクターを演じることが多かったので、余計にそう意識するのかもしれません。かわいい美少女の後ろに、まあまあごつい中高年がいるのを想像させないのは、一種の気づかいだとも思っています。


入院先の病院にも、いくつかのメディアや個人から
「後藤邑子さんの入院先はそちらですか？」

と、問い合わせがあったそうです。

番組の降板があまりに突然だったので当時はちょっと騒ぎになってしまって、アニメ業界に詳しい人たちやメディアが過剰に反応してしまったみたいです。

当然、病院にかかってきた電話の件は主治医の耳にも入り「有名な人だったんです

アニメ『S・A スペシャル・エー』メンバーが書いてくれた色紙。ふざけ合ってばかりいたみんな、福山潤くん、生天目仁美ちゃん、下野紘くん、高垣彩陽ちゃん、代永翼くん、堀江一眞くん、宮尾佳和監督の優しい言葉に涙が出ました。照れるから本人たちには言わないけど（言えや）宝物なんですよ。

ね」と言われました。研修医たちがかわるがわる病室を訪ねてきて「ファンです」「応援してます」と言われました。

ありがたいといえばありがたいことなのかもしれません。でも、その気持ちよりも、誰にも見られたくない状態の自分を、声優としての自分を知っている人たちにケアされるのかと思うとゾッとしました。看護師たちも「声優さんなんですね、どんなアニメに出てるんですか？」とよく話しかけてくれました。好意でコミュニケーションを取ろうとしてくれているのに、辟易してしまったのも事実です。

スタジオで声優の仕事をしていた時の私と、今の、この全身を管に繋がれてお世話されている私はあまりに違う。こんな状態で楽しかった過去の話をするのは乗り気になれなかったのです。

よく寝たふりをするようになりました。

そんな中、うれしい出来事もありました。ある日、ひとりの看護師さんから、「いけないことだとわかってるんですが、サインを1枚いただけないでしょうか？」と言われました。よく頼まれていたので正直、「ああ、またか」と思いましたが、彼女が続けて、私の担当を辞退した看護師がいることを伝えてきました。

「後藤さんのファンだから、そんな自分にケアされるなんて本人は嫌だろうからと、担当を辞退した看護師がいるんです。彼女のために1枚サインを書いてあげていただけないでしょうか?」

と彼女は言いました。私に何も伝えずに、こんな優しい対応を選んでくれた人がいたんだと知って驚きました。イラスト入りのサインを描いて渡しました。不貞腐れた心が、洗われたような気持ちになりました。

事務所にもたくさんのお見舞いの手紙が届いたそうです。有志の方たちからの寄せ書き色紙も多かったです。マネージャーが全部、病室に持ってきてくれました。その中に、『S・A スペシャル・エー』のメンバーからの色紙もありました。宮尾監督が音頭をとってくれたそうです。キャラクターたちの手描きのイラストと、その横に書かれた、監督と、キャスト一人ひとりからの手書きのメッセージは、見た瞬間から泣けてきてしまいました。

ともすれば、今にもひねくれそうな、腐りそうな私の気持ちを、いくつもの言葉が明るい方向に向かせてくれました。

治療法

治療法が確立していたことと、「だいたい半年くらいで退院できる」と医師から言われたことで、闘病自体には悲観的な気持ちはありませんでした。

「ステロイドを3日間、連続して点滴します。同時にシクロフォスファミド（エンドキサン）という免疫抑制剤も点滴で入れていきます。これは月に1回、6カ月続けます。この治療が終わったら一段落できますので」

最短なら2カ月半で通院治療に切り替えることができる、と医師から説明をもらえた私は、この治療を終えたら声優業に戻るんだ、と当然のように思っていました。

私が受けたこの治療は、ステロイドパルス療法とエンドキサンパルス療法といいます。どちらも身体の抵抗力を低下させるので、お見舞いの生花は禁止され、病院食は制限食になりました。

ステロイドパルスは副作用が強いと説明を受けていましたが、体感的に、すぐに副作用を感じたのはエンドキサンパルスでした。

シクロフォスファミドという薬剤は、乳がんの人などに使われることが多い薬だそうです。なので副作用も、個人差はありますが、いわゆる抗がん剤のメジャーな副作用があります。この薬を使った日と翌日は、私は吐き気がおさまらなくなりました。胃の中のものを出しきっても吐き気は続きます。胃液だけをもどし続けるので、「吐けば楽になる」ことはありませんでした。

　エンドキサン点滴をやった後はしばらく、普通の食事がとれなくなりました。なぜかメロン味のゼリーしか食べられなくなりました。体力が削られていく実感がありました。この半年間で一生分吐いた気がします。この期間は髪の毛も、手指の爪もなくなりました。爪は最初はふにゃふにゃと弱くなっていき、そのうちめくれてきて取れてしまいます。新しい爪も生えてこないので不便でした。痛いことよりも物がつかめないことの不便さにまいりました。

　ただし、吐き気さえおさまってしまえば、次のエンドキサンまでの約1カ月は穏やかな入院生活です。心臓と肺が回復傾向にあったこともあり、身体も少しずつ楽になりました。横になって眠れるのがこんなにうれしいなんて。当たり前のことが、とても気持ちよく感じられました。食欲も旺盛でした。

　にもかかわらず、私の食事は制限食でした。メニュー表に書いてあるおかずが、時々、違うものに変えられているのです。ハンバーグがはんぺんになっていたり、肉豆腐から、シンプルに肉が抜かれていたりしました。別の何かを入れてくれるサービスはないんだ？

ある日のメニューは「三色丼」でした。響きだけでおいしそう。献立表で見かけた時から楽しみにしていました。多少、具材が変えられていたとしても三色丼ならおいしそう。他の患者さんたちのテーブルに運ばれた「鮭、肉そぼろ、卵」の三色丼を見て気分が上がります。

……が、次の瞬間、私のテーブルに「人参、おから、グリンピース」で構成された三色丼が置かれました。入院で不安定になっていたのでしょうか、この時は涙があふれました。大の大人が、三色丼に涙したのです。当時は誰に話しても笑われたのですが、それくらい、それっくらい、長期の入院患者の楽しみってごはんしかないんです。

「三色丼がぁ〜、私の三色丼がね〜」

と友人に泣きながら電話する中高年。受話器の向こうからは失笑しか聞こえてこない。思い返すと、おかしいやら、哀れやら。

でも今でも思い出して言いたくなりますよ。「そこまでして3色にこだわらなくてもいいわ！」って。


入院してすぐの頃は、定年退職した母が愛知から上京し、私の面倒を見てくれました。私の東京での住まいが病院から近かったこともあり、母はそこで寝泊まりし、病院に通ってくれたのです。母は、久しぶりに私の世話を焼くことに熱中していました。

「母さん、ちょっといすぎだよ」

「こんなにしょっちゅう、くっついていなくてもいいよ」

そう伝えても意に介しません。妹が急死した時に何もしてやれなかったという思いもあったのでしょう。「今度は絶対に目を離さないぞ」という執念が感じられました。

パジャマは母が買ってきてくれました。母親というのは何歳になっても娘にピンクや赤を選ぶのですね。赤い花柄にレースの襟がついたパジャマを持ってこられた時は、「コスプレよりきつい」と思いました。私はホルター心電計を装着していなければいけないので、「これを入れられるポケットをつけてほしい」と言うと、母は手作りのポケットをパジャマに縫い付けてきてくれました。赤い花柄のパジャマにモノトーンのペイズリー柄のポケットをつけたセンスはわからないけど、ありがとう母さん。

病棟の談話室で話していたら、いきなり暗い顔になって「邑ちゃん、お母さん気持ち悪い」と言い出したこともありました。どうやら朝ごはんを食べずにお見舞いに来て、すぐに談話室ではしゃいで、低血糖を起こしたようです。「座ってて」と私は点滴スタンドをカラカラと引き回しながら、自販機までココアを買いに走りました。ホルター心電計をつけて抗がん剤点滴してる娘が母にココアを買うために走っている図はちょっと笑えました。すぐに「治った」と言って、いつもの調子に戻る母を「世話が焼ける」なんて思いながら、実際、助けられることは多かったです。母は最初の2カ月くらい、ずっと病室に通い続けてくれました。

病棟からの収録

入院して3カ月ほど経った頃、アニメ『ひだまりスケッチ』シリーズ第4期、『ひだまりスケッチ×ハニカム』の収録を打診されました。

『ひだまりスケッチ』は2007年から2012年まで長く続いたアニメシリーズです。この第4期は、シリーズが始まった頃は高校2年生だった私のキャラクター、ヒロたちが学校を卒業していくまでのお話です。制作サイドは放送スケジュールのギリギリまで、私が病棟から外出許可をもらえるまで、収録を待ってくれたそうです。

こんなにありがたいことはないです。それなのに、点滴と投薬で弱りきった当時の私には収録できる気がしませんでした。演じられる自信がないのです。人間の身体はこんなに簡単に薬に打ちのめされるんだなと実感していました。

でも、「これができないと、私は何もできないぞ」とも思いました。私にとって、オーディションで出会ったヒロはずっと長く近くにいた、一緒に育ってきたような特別なキャラクターでした。『ひだまり』の収録現場も、学生寮のようで、誰も気張らず、繕わずに過ごせるホームのような場所でした。ホームで、長年演じたキャラクターを演じられなければ、声優としてはもうどこにも進めないだろうと思いました。ここなら恥をかいてもいいじゃんって思えたのも大きかったです。ここのメンバーになら、恥ずかしい状態の自分を見られても平気だと。

「思い出せ、あの心地よい楽ちんなホームを思い出せ」

と念じて病棟からスタジオに向かいました。共演者はいなかったわけですが。そりゃ免疫抑制しているんだから抜き録りになりますよね。

抜き録り用のヘッドホンから、先に収録したメンバーの声を聞きながら参加しました。そうしたら、思っていたよりスムーズにできたんです。『ひだまり』の皆の中に入ったら、病室でひとりで練習していた時よりすんなり、ヒロになれた気がしました。

収録を終えてスタジオを出ると、音響監督の亀山俊樹さんだけでなく、原作者の蒼樹うめ先生、プロデューサーの高橋祐馬さんはじめ、なじみの『ひだまり』スタッフの方たちが揃って待っていてくれました。歓迎してもらえたことがうれしくて、なんだかもう感極まってしまって、つい「大丈夫、半年くらいで治って退院できます」と、軽口を叩いてしまいました。照れ屋なんです。

数カ月後、病室で放送を観ました。アニメってすごい。裏でボロボロの人間が声をあてているのに、キラキラしたキャラの表情や動きに引っ張られて、明るい女の子がちゃんとそこにいる。

私は病室で、泣いているキャラクターたちよりも泣いていました。いろんな想いが溢れた涙でした。

よく晴れた夏のこと

入院中に仲良くなった患者さんに、Sさんという方がいました。

旦那さんと娘さんが毎日お見舞いに来ていて、すごく家族に愛されている方なんだな、というのが最初の印象でした。新米の看護師がどれだけ採血に失敗しても、「ごめんなさいね。血管がモロくなってるし、脱水症状で採血しづらくなってるのよ。こうして叩けば、少し採りやすくなるから」と笑顔で自分の腕を叩いてあげていました。私は看護師たちの採血の失敗率の高さに毎朝、内心ブチ切れていたので、Sさんの態度にはただ感心するばかりでした。

私が治療の副作用で吐き気が止まらなかった時に、「大丈夫？　何か食べられるものある？」とすぐに声をかけてくれたのがSさんでした。Sさんご夫妻はコンビニエンスストアを経営されていたので、病院の売店で、私が唯一食べられるメロンゼリーが売り切れていた時には、旦那さんがお店からメロンゼリーを山ほど持ってきてくれました。Sさん夫妻と話している時間は楽しかったです。旅行に行きたいとよく話されていました。昔行った旅行地にもまた行きたいと。穏やかな時間でした。


真夏くらいだったか、ひとりの男子高校生が入院してきたことがありました。友だちが多いのでしょう、大勢の友人がお見舞いに来るようになった時期があります。彼らは病棟の談話室に集まって、健康的な高校生らしく大騒ぎしていました。

「入院は心細いだろうしな。こうして来てくれる友だちって実際うれしいもんな」と、私も最初は微笑ましく見ていました。

次の日も、彼らはやってきました。

「おやおや今日も皆さんお揃いで」

次の日も彼らはやってきました。

「仲良きことは美しきことかなっつってね」

次の日も彼らはやってきました。

「ははっ、ちょっと来すぎなくらい来るじゃん」

次の日も彼らはやってきました。

「朝っぱらから来てからにこの……、てゆうか学校はどうした？」

次の日も彼らは……。

「うるせえのよ毎日毎日ぃぃーっっ！」

口には出していないですよ。1週間が限度でした。すみませんね、気が短くて。

そもそも病棟のこの階には重病の患者さんが多いです。大きな声を出せない人も多く、周囲が騒がしいと会話がかき消されます。また、話の内容が深刻な場合もあり、同室の患者さんに気をつかわせないよう家族で談話室を利用する方も多いです。もとから談話室を利用していた人たちは来なくなりました。患者さんたちは何度かナースステーションに掛け合ったそうですが、「なんとかします」と言われるばかりで、高校生たちには変化はありませんでした。

私は大もとの彼と話をしたいと思いました。入院患者の高校生です。病棟内の廊下をぐるぐるとまわり、くだんの高校生の名前と病室を突き止め、彼に話しかけることにしました。

「〇〇さんですか？　ちょっとお話があるんですけど」

穏便に話しかけたつもりです。叱るつもりもなかったのです。しかしいきなり自分の病室を探しあてててやってきた女は、高校生にとって恐怖でしかなかったでしょう。

「すみません！」

いきなり謝られてしまいました。え、待って、まだ何も言ってないのに謝るとかされたら私がクレーマーみたいじゃない。そのとおりだけど、お願い、(まわりの目もあるから）顔を上げて！

「お見舞いのことですよね。みんなに言っておきます」と彼は言いました。おこりんぼは下手に出られると弱いです。

「あ、はい、そう、その件です。助かります」

ごめんね、少年。私もお見舞いされる側の気持ちはわかります。友だちが自分のために来てくれているのに、静かにしてとか、まして大人数で来ないで、なんてとても言えない。君は何も悪くないって私も思っているからお願いだからそんなに恐縮しないで、と罪悪感がこみあげました。でも理解してくれてありがとう。

穏やかに少し話して別れたのですが、病棟内では

「後藤さんが、ついに男子高校生をシメた」と噂になったそうです。噂を聞きつけた看護師長から「患者同士で解決しようとするとトラブルのもとになるので……」と注意を受けました。はい、当然の注意です。でも「あなたたちが何もしてくれないからぁ……」というおもしろくない気持ちもありました。

　そんな時もSさんは「あなたは正しいことをしたのよ。彼のためにもなったはず」「私も、身体が自由に動けば、一緒に叱りにいったのに」と、言ってくれました。優しい、ほしい言葉をくれる人でした。

　しばらくして、Sさんは抗がん剤治療のインターバルで退院していきました。自宅療養中にもメールでやり取りをしていましたが、「まったく歩けなくなっちゃった(+o+)」のメールを最後に連絡は途絶えます。次にSさんから届いたメールは、娘さんが書いたものでした。Sさんは亡くなりました。

　余命はとうに告げられていたそうです。入院時には、とうに。私と楽しく話していた時も、本人も家族もわかっていたのです。自分のことを大好きでいてくれる旦那さんと娘さんに囲まれて、まわりの人を笑顔にしてしまう彼女の人生はすばらしいものだったと思います。娘さんのメールに「私にはもったいないくらいの素敵なお母さん

Sさん夫妻が経営されていたコンビニに宛てたサイン。お店にこのサインを見にきてくれた方もいたそうです。

でした」と書いてありました。いつか私がSさんご夫妻が経営されていたコンビニに宛てて書いたサインは、お店の経営を離れられた今も大切にしてもらっています。

　同じ病室で過ごした夏はよく晴れましたね。晴れると、高層階の病室から、ずっと遠くの山が海のように見えましたね。旅行に行きたいと、そんな話をたくさんしましたね。

副作用てんこもり

　ここからは私の主観なので、医学的には必ずしも正確ではないかもしれませんが、感じたまま、私の記憶のままを書きたいと思います。

　入院してもうすぐ1年という頃、心臓と肺はすっかり治り、呼吸をしたり動いたりは楽になりました。しかし、今度は治療の後遺症、副作用に私は苦しんでいました。エンドキサンのそのつど出る副作用と違って、ステロイドの副作用は静かに確実に溜まっていくように感じました。その副作用を抑えるための薬がどんどん追加されていき、私は弱り続けていました。

「後藤さんですか？」

と声をかけられることはあいかわらず多かったです。病室の名札プレートを外してもらいました。落ちつかなかったのです。写真撮ってもらってもいいですか？ サインもらえますか？など、そんな軽いお願いにも、副作用ばかり重くなっていた私は過敏になりました。髪の毛は抜けているし、顔はふくらんでいる、人に見られたくない、隠れたい姿でした。

視力もいきなりなくなることがありました。しばらくすると戻るのですが、慌てて主治医に相談すると、ステロイドで眼圧が上がるために緑内障になりやすいのだと言われました。眼圧を下げる目薬と眼科検診が必要になりました。原因がわかってもたびたび見えなくなる症状はストレスでした。その原因と言われたステロイドは減らせません。

ある時期から、人の言っていることがうまく理解できなくなりました。脳がパニックを起こしているように、内容が整理できないのです。

医師からは「せん妄」と言われました。せん妄は急に始まるそうです。注意力や理解力、記憶の能力が急激に落ちて、精神が混乱する症状だと説明を受けました。説明されても理解力がなくなっているので何も飲み込めませんでした。初めての経験でした。

「私はどうしちゃったんだろう？　説明できないけど、会話ができない。頭がおかしくなったのか？」

と、不安でした。これもステロイドの副作用だと言われ、心をリラックスさせる薬が処方されました。イライラして神経質にもなるのに、五感は全部、薄い膜がかかったように鈍っていきました。フワフワと、現実感が薄く、それがなんだかすごく怖い。こんな自分を見られたくないと、より人の視線に怯えるようになった私は、それでも、病棟の中で発見され続けてノイローゼのような状態になったのを覚えています。

ステロイドを減らすメドはたちませんが、この量を使い続けるのも身体には危険なことだと聞いていました。負のループの中にいるようでした。

セカンドオピニオン奪取作戦

２０１３年が明けて、春になりました。入院当初は半年、短ければ2カ月半と言われた私の入院生活は、もうすぐ1年になります。数値が悪化すれば薬を増やし、少しよくなったと思って減らせばまた悪化し……と、数値とにらめっこする日々が続いていました。やがて、薬をどれだけ増やしても数値が回復しないようになりました。さらにいくつかの臓器の状態をあらわす数値に問題が多く見られるようになりました。

その頃は季節柄なのか、風が強い日が続いていました。毎日ずっと激しい風が吹くのです。普段なら気にならないのに、大きな病棟を揺らすような風は、窓をブンブン鳴らし、私はそれがいちいち気に障りました。特に夜は病棟内が静かになるため、余計に気になってなかなか眠れません。耳栓を買いましたが、たいして効果はなかったです。

ブログはとうに書けなくなっていました。書けるような明るい話題がなかったからです。暗い話題や、心配させるような内容は書きたくありませんでした。

「また死亡説が出てるよ、ブログ書きなよ」

と、心配した友人たちからの連絡にも苛立ちました。書けることなんてないのに、と。

友人じゃない人たちからは、友人以上にたくさんのメール、電話が来ました。それがあまりに多くて、仲良くないのに何でこんなに連絡してくるの？　ＳＮＳにでも書くの?と、すっかりひねくれ、また、その人たちの狙いがよくわからないことに怯えました。

「携帯を捨てたい」

それが本音でした。現実的に捨てるわけにはいかないけど、せめて電源を切っておきたいと事務所に相談しました。これを機に事務所からの連絡手段はパソコンのメール、連絡する窓口はひとりのデスクに限定してもらい、また、当面、お仕事はしないことを決めました。こうして携帯の電源を切りました。引退かどうかはわからないけど、たぶん引退になるんだろうなと思いました。でも先のことを考えたくなかったので、〝当面〟としました。しばらくは、ただ患者として、生き延びようとする日々です。

その前に携帯の中の写真データだけは現像しておこうとネットプリントを偽名で注文しました。デジタルデータはいくつ複製して保存しても「消えてしまうのではないか」という不安が拭えず、すべてを紙に焼いて保存したい思いがありました。偽名で注文したのは、過剰に「見つからないよう」用心する癖がついていたからです。もちろん自分はタレントのような有名人ではないです。一部の人たちだけが知ってくれている存在です。でも、病棟の狭い世界で見つけられ続けた1年間のせいで、すっかり、人に見つけられることに怯えるようになっていました。連絡先を記入する必要のあるネットプリントの注文は念には念を入れたかったのです。

しかし、プリントされた写真をお店に取りに行ってくれた母が病室に戻ってくるなり言いました。「店員さんがね、『声優の後藤さんですよね。応援してます』って言ってくれたよ」と。思いやりの言葉だったのに「また知らない人に発見された！　偽名にしたのに」と恐怖が勝りました。

ある日、長い付き合いの友人から、「お見舞いに行っていい？」と聞かれました。当時の私は、せん妄もあり「自分はおかしい」という自覚もあり、落ち着かず、でもだれかにそれを話してしまいたいとも思っていました。

彼女が来てくれた日は、いつにもまして風が強かったです。窓のブンブン鳴る音が大きく、彼女の声が聞き取れません。ただでさえ人の言っている内容がわからなくなっているのには焦りました。言っていることがわからないのも、話してしまいたい「おかしい」症状のひとつですが、いざ話すとなると覚悟が決まりません。友人に「狂った？」と引かれるかもしれない。やっぱり怖いのです。

「ちょっと、風の音がすごくて聞こえないよ。なんて？」

と、私は少し誤魔化しました。彼女は怪訝な顔をしました。その日は、少しも風が吹いていませんでした。この1週間くらいずっとゴウゴウと吹いていた風の音は、私にだけ聞こえていたみたいです。

「あれ？　じゃあ、この竹下通り並みに混んでる病棟の廊下はどうかな？　人がギチギチに詰まってて、病院でこの状況っておかしくない？って、怖くて廊下歩けなかったんだけど。これも、アレ？　私だけ？」

もう恥も外聞もありませんでした。長年の付き合いの友人に、幻聴が聞こえてるってバレちゃったんなら、もう後は平気でした。友人も「うん、そう。ソレ」と言いました。

「主治医に言った方がいいと思う？」

「すぐ言え」

「緑内障は関係ないかな？」

「ないだろうね」

「あとさ、これは自分でも夢かなって毎回思ってたんだけど、時々さ、アバターみたいな青色の人たちが病室にいるんだよね、これってさ」

「幻覚だわ！」

もう、アレ、ソレでもなくなった。

まったく引かなかった友人にも感謝しました。ソープ嬢のお姉さんに相談した時に似ている。

幻聴、幻覚。これは耳や目の問題ではないそうです。実際には聞こえていないのに、目にも見えていないのに、脳が勝手に「聞こえる」「見えている」と勘違いして認識するのだそうです。


主治医に告げて、提案されるまま、再び、入院時のようにCTとMRIを撮りました。

「ちょっとマズイので、もう一度パルスをやりましょう」

ステロイドパルス療法が、再び提案されました。あれをまた⁉ 現時点でもステロイドの副作用がきついのです。しかも私はこの幻聴や幻覚もステロイドのせいなんじゃないかと疑っています。そこにさらにステロイドを大量追加することは恐ろしかった。もう1回、あれを繰り返したら、今度は病気でなく、副作用でまいってしまう。そう思いました。

私は、同じ病棟で何人かの患者さんを見送りました。癌の人も自己免疫疾患の人もいました。本人たちが「病気のせいで死ぬのか、薬のせいで死ぬのかわからない」とよく言っていました。あくまで個人の主観です。でもそれが、その時の私にはとてもリアルに響きました。自分もそう感じていたからです。身体が薬に負けそうだと。

私は「ちょっと、今すぐには、嫌です」と断ってみました。

医師の困り顔が、にわかに焦りを帯びました。

「エリテマトーデスによる障害が脳にいき、脳ループスの症状が出ています。このままだと本当にダメだから、イチかバチか、ステロイドパルスをしないといけないんです」

初めて聞いた、「脳ループス」という言葉、単語の意味もわからない。でも、「本当にダメだから」という医師の言葉からは、なんだか嫌な焦りを感じました。

なおも、うんと言わない私に、主治医は語気を強めて、

「これをやらないと、2週間後の命も、保証できないんですよ」

2013年の春、2度目の余命宣告でした。

わ……大人になると面と向かって言われるんだ……。

のんきにかまえていたわけではないですが、ただ、2週間て。あまりに短すぎて、現実味がなかったのです。

「考える時間をもらってもいいですか？」

「じゃあ、また来ます」

主治医が病室を去ってから、脳ループス、ループス脳症を検索して冷や汗が出ました。放っておいていいわけがない。いや、でも、パルスだって、それ自体のリスクが高い。これほどステロイドの副作用が溜まっている身体にもう一度、あの量のステロイドをぶち込んだら今度こそ無事に終われる気がしない。ヤバい。怖い。どうしよう。

……でも、その前に先生、「イチかバチか」って言ってなかったか？

「決まりましたか？」

早っ！　時間をくれって言ってから15分で主治医が戻ってきた。私は、気になった「イチかバチか」がどういう意味なのかを質問しました。

「脳ループスかどうかを見極めるには、注射器を刺して髄液を採取して検査する必要があり、後藤さんの血液の数値では髄液採取自体が危険で、取り返しのつかないことになるかもしれないから専門医が嫌だって言ってるんです。なのでイチかバチか、すぐにステロイドパルスを開始するのがよいということです」

主治医の説明は明解でした。

うん。でも、ちょっと待って？　脳ループスじゃないかもしれないけど、イチかバチか、脳ループスだって賭けてパルスするってこと？　そのイチかバチかって随分なイチかバチかじゃない？　てゆうか専門医が嫌だって言ってるんだ？　正直ぃ！

私は、セカンドオピニオンを受けたいと医師に伝えました。

主治医の機嫌を損ねたら今後の自分の扱いがぞんざいになるんじゃないかと、患者が「セカンドオピニオン」の言葉を口にするのはけっこう難しいものです。

セカンドオピニオンは、提示された治療を受けるかどうか決めるために、別の医療機関に意見（オピニオン）を聞く行為です。ただし、それには主治医から紹介状（診療情報提供書）を書いてもらう必要があるので、主治医の協力がなければ、基本、セカンドオピニオンを受けることはできません。どこの病院に連絡しても、「主治医の紹介状をご用意ください」と言われるのです。こっそり主治医に内緒でセカンドオピニオンを受けることができないのが現実です。

主治医には「どこに行っても同じことを言われますよ」と返答され、紹介状は書いてもらえませんでした。

私の、医師を判断する基準のひとつとして、「セカンドオピニオンを受けさせるか受けさせないか」があります。昔、M先生に教えてもらったものです。

紹介状を書いてくれるよう粘り強く説得する？　できる？「2週間後の命の保証もない」のに？　そんな猶予はあるのだろうか？　ある意味、この2週間という単位のおかげで腹がくくれました。

「身体の自由がきくうちに、動こう」

そう。弱っていようと、私は本質的に人より「ルールを破ることに抵抗がない」のです。

私は、病室を抜け出しました。私の左右の腕には、いつでも点滴を繋げられるように、点滴ルートが確保されていましたが、長い管だけすべて抜き取り、残ったコードをテープで腕にぐるぐるに巻きつけました。服で隠せば目立ちません。病院を抜け出した私は、近所のクリニックへ駆け込み、「私はこういう病気です」「セカンドオピニオンを求めているので、この近くで自己免疫疾患に詳しい病院を教えてください」と聞いたのです。

人生で2度目の病室からの脱走です。

クリニックの診察を終えて何食わぬ顔で病院に戻ったら、エントランスで大勢のスタッフに捕獲されました。院内では大騒ぎになっていたようです。さらに両親が呼び出され、ただちに、愛知からこっちへ向かっているそうです。親の呼び出しも2度目。

私は動きすぎたのか、緊張しすぎたのか、疲労か、ぐんにゃりとベッドに横たわった瞬間に貧血を起こしました。いつもの点滴ルートに管を繋がれ、何かしら点滴してもらったまま眠り、起きると、病室に両親が揃っていました。いい大人になってから、主治医、両親に、ちゃんとお説教をくらいました。

なんだよなんだよ、こっちの気も知らないで。

この時、私の精神年齢も、だいたい反抗期くらいに戻っています。

でも、必要な情報は仕入れていました。自己免疫疾患に詳しい病院の知識ではなく、医師に紹介状を書いてもらうための知恵です。

「愛知県の実家に帰り、親元で治療を受けたいです。そのために、東京ではなく愛知の病院に転院したいです」

「それはいいですね。親元が一番いいですから」と、主治医からすんなり紹介状が出されました。

駆け込んだクリニックで聞いた方法です。セカンドオピニオンや転院を敬遠する医師は多い。病院の上層部を納得させられる、患者にとっての致し方ない理由が必要です。主治医を否定しない、誰も傷つけない理由が、「転居」です。

ちなみに紹介状に宛先は書かれていないので、別にこの紹介状を持って東京の病院に駆け込んでも大丈夫です。ちなみにこの一文、コンプライアンス的にはアウトです。安易にお勧めはしませんが、本当に知りたかった人の参考になれば幸いです。

〰〰 あれ？　私ってそんなにヤバい状況じゃないの？

「私はすぐ死にますか？」

愛知県の大学病院に転院し、血液、ＭＲＩ、ＣＴなどあらゆる検査をやったあと、すぐに新しい主治医に尋ねました。一番聞きたかったことでした。

「命が危ないと言われたんですけど。

「死にません。これぐらいの数値の人は大勢いますし、ここから社会復帰した人も大勢います」

新しい主治医が淡々と答えたので、少し拍子抜けする思いがしました。

「あと、ええと、脳ループスですか？」

「いえ、脳ループスではありません」

「髄液検査しなくてもいいんですか？」

「しなくてもいいけど、したければやりますよ」

「いえ、いいです」

「脳内出血の跡が多いです。何がありました？」

「脳内出血？　大丈夫ですか？」

「現在出血してるわけではないので、治療することはないです」

脳ループスはないと言われて安心しました。が、初めて脳内出血を指摘されて困惑しました。そう診断されたことはなかったからです。今思うと、私がステロイドの副作用だと思い込んでいた症状のいくつかは、こっち、脳内出血にも関係していたんじゃないかと思います。

薬についても、それまでの〝当たり前〟が突き崩されていきました。なぜこれほど強いステロイドを使っているのか。なぜ一般的なプレドニゾロンではなくリンデロンなのか、などなど。私は、知らないとしか答えられないのですが。

さらに主治医は続けます。

「一番の疑問なんですけど、下剤的な薬と下痢止めが一緒に処方されています。これはどうして？」

「えっ、そうなんですか？」

「どちらかの症状に自覚はありますか？」

「いや、どっちもないです」

「じゃあ、この薬はどちらも外しますね」

処方されている薬が見直され、整理されました。以前の病院では、主治医に対して取材の申し込みなどもあり、過剰に反応してしまっていたのかもしれません。私の身に何かあったらネットニュースになるのでは?と、念には念を入れ、多めの薬で万全を期していたのかもしれません。その多めの薬に身体が負けた可能性もあるなら皮肉ですが。

私の「頭がおかしい」症状も「ステロイド誘発性精神障害」だと言われました。せん妄、幻覚、幻聴、私が訴えた症状すべて「これだけ大量のステロイドを1年以上使ってたら、そりゃ出るでしょうってくらい、よく起こる副作用です」と言われました。ああ、これは、よくあることなんだ、私はいきなり安心しました。

医師の言葉って強いのです。簡単に患者を打ちのめすことも、救うこともできる。本当に「2週間」とか「夏休みいっぱい」とかやめてほしい。あと下剤と下痢止めって両方使ったらどっちが勝つのよ?

私は2週間というタイムリミットのなか、すさまじい危機感を抱いて、病院を脱走したり、転院したり、ドラマチックに過ごしていたわけですが、新しい主治医があまりにも落ちつきはらっているので、

「あれ? 私ってそんなにヤバい状況じゃないの?」

と、肩すかしを食らいました。私は転院した後、2013年夏に退院しました。

あの余命宣告はなんだったのか。

あくまで個人の見解ですが、一定数の医師には、盛りグセがあると思います。

子どものような娘

退院後は、愛知の実家からの通院治療に切り替わりました。私が実家で暮らしたのは2013年夏から2014年夏の1年間です。

暮らすと言っても、2013年は通院以外はずっと家にこもり、外に出ることはほとんどありませんでした。「ステロイド誘発性精神障害」は変わらず続いていたからです。

この頃の私は常に、飲んだ薬、体調、誰が何を言った、自分が何をしたかなど、日記のような細かなメモを書いていました。妄想と現実の区別がつきにくく、夢で見たことも、想像したことも、実際にあったことのように覚えてしまうからです。なので、現実に起こったことはすべてその時にメモしました。そうすれば書いてあること以外は現実じゃないってわかるからです。

ノートにペンでびっしりと、爪がないせいでミミズのような文字で、数えたら96

ページもありました。ところどころに「証拠」「この処方はおかしかった」「私が死んだら病院を訴えて」とも書かれていたので、執念の96ページだったのでしょう。その際、〝日記〟に貼り付ける「証拠」用の写真が撮れないのが悩みでした。写真をネットプリントしたために「発見された」経験があるので、現像しに写真屋に行くのは嫌です。

そうだ、「チェキ」だ。私は久しぶりの買い物をしました。チェキなら、その場でプリントされた写真が手に入る。当時は「その日にやること」を自分の身体にメモする癖もありました。ありすぎると腕が真っ黒になります。どうかしています。でも本人は大まじめなんです。メモした場所を忘れたりメモをなくしたりすることがないから、自分に書くのが一番安心です。腕に書いた「やること」のメモを念のためチェキで撮ったこともあります。ぼやけて肝心の内容は見えませんでした。思い返しても当時の自分の理屈がわかりません。

自分でも、自分がまともではないことはわかっていました。まともなフリをすることに疲れるので、他人には極力会わず、家で自分勝手に過ごしました。すぐにへそを曲げたり、癇癪を起こしたり、今日はシフォンケーキしか食べたくないと言ったり、しょっちゅう車で河川敷に連れていけといったり、川で鴨を追いかけ回したり、自分ではそんなに細かく覚えていないのに、両親は私の発したセリフまで覚えていてすごく恥ずかしい。

父はよく

「父さんは、本物の父さんか？」

と聞かれた時はどうしようかと思った、と笑いながら話します。私が病院を脱走して、両親が主治医に呼び出された時の話です。いや笑ってるけど、精神障害のまっただなかにあった私は真剣に、目の前にいる父親が本物かどうか確かめようと、慎重に発した言葉なんだよ。今は自分でも笑っちゃうけど。そういえば、入院中によく面倒を見てくれた友人たちも「様子はおかしかったけど、思い返すと、あの頃が一番かわいかった。いつもの傍若無人さがなくて」と言ってきます。みんないちいち毒吐かないと気がすまないのでしょうか。

この自宅療養の期間も、私はまだ不安定で、けして居心地のよいものではなかったのですが、「思い返すと楽しかった」と両親は言います。勝手に東京に飛び出していった娘が、よく知った「子どもの頃のような娘」に戻って親元で一緒に暮らし、しょっちゅう一緒に河川敷に行っていた生活は、振り返ると楽しい思い出になっているようです。

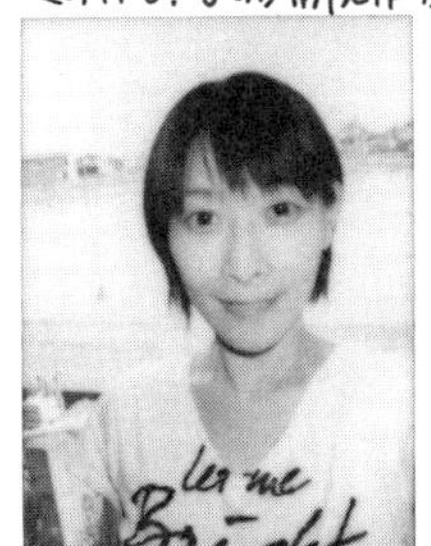

転院、退院、実家療養の期間、2013年春〜2014年夏。尋常じゃない量のチェキが溜まっていました。日記みたいなものです。

河川敷の手触り

木曽川を選んだのは、そこなら感覚が戻るんじゃないかと思ったからです。

おかしい症状は続いていて、育った町でも落ちつきませんでした。どの薬がどう作用しているのかわからないけど、緊張しているのに身体の感覚は膜が張ったように鈍くなっていて、音も温度も、味もよくわかりません。寒いのか暑いのかわからず、よく服を着込みすぎて汗をかきました。音もくぐもって聞こえます。幻聴は嫌でしたが、聞こえないのも気持ちが悪かったです。耳も含めて、自分の五感の全部が何かに覆われている感覚でした。

このよくわからない膜に覆われたような状態から抜け出したくて、木曽川に向かいました。慣れ親しんだ、しっかり思い出せる場所。景色も、音も、温度、手触りも思い出せる場所へ、父に頼んで河川敷まで車を運転してもらいました。10分くらいの距離ですが、近所を歩く勇気はありませんでした。

「川の流れは思いのほかうるさい。林を抜ける風やザワザワ揺れる木々の音も覚えている。そこに行けば、よく聞いた音ならちゃんと聞こえるんじゃないか？　いろんな感覚もクリアに蘇るんじゃないか？」

実際には、木曽川の音は聞こえなかったです。期待はずれでした。河原に座っても石の手触りも、いまいち感じられない。寝転がってもダメでした。少しヒヤッとするかと思ったけれどそれもなかったです。ゴリゴリと背中を押しつけても、冷たさを感じません。

ここでもダメかとがっかりしましたが、ひとつだけよい点がありました。人がいないことです。昔と違って河原で遊ぶ子どもはいませんでした。雑木林も、河川敷が整備されたせいでずいぶん小さくなり、誰もいません。人目を気にせず、いつまでもいることができました。それだけはよかった。

しょっちゅう、子どもの頃のような頻度で木曽川に行きました。

猫をなでる

ある日の河川敷の散歩帰り、父が寄るところがあると、車を近くの老人ホームにつけました。

そこにI先生が入所していると聞きました。私も幼い頃によく会ったことのある、私の父が、父のように慕う人です。父が若い頃に赴任した学校でお世話になった先生だそうです。

私の祖父は私が生まれるずっと前に若くして亡くなっていたので、たびたび我が家を訪れ、私と妹とも遊んでくれたI先生を、私もおじいちゃんのように慕っていました。

「父さん、お見舞いしてくるから待ってて」と言う父の言葉に、つい「私も行く」と言いました。家の外に出ない娘がいきなりそう言ったことに父も驚いていました。

久しぶりに会ったI先生はかなり高齢でしたが、優しい笑顔は変わらず、お元気で、「ええ、邑ちゃん⁉」と、私がお見舞いに来たことを驚かれました。私が病気になっていることは知られていたようです。「たいへんだったね。大丈夫、大丈夫」と言われました。私はまだ多分におかしい時期でした。「そうかな？　私、大丈夫かな？先生」と泣きそうな顔で言う私の肩を先生は「大丈夫、大丈夫」となでてくれました。I先生は先に奥様を亡くしたのをきっかけにホームに入ったのだそうです。

後日、「I先生からプレゼントだって」と、父が、真っ白い猫のぬいぐるみを持って帰ってきました。「ぬいぐるみって歳じゃないか？」と父は言いました。両親は覚えていないようでしたが、私と妹が幼かった頃、I先生はクリスマスイブにやって来

サンタさんからもらった真っ白な猫のぬいぐるみ。どれだけ救われたことでしょう。ついついチェキでもぱちり。ちなみに、名前は「白玉」。女子は猫にスイーツの名をつけるという。

て、私たちに真っ白い猫のぬいぐるみをくれました。そんじょそこらの猫のぬいぐるみと違って、なんとも綺麗な毛を持つ洋風の白猫のぬいぐるみは私たちを虜にしました。それは特別な猫でした。Iサンタさん、と私たちは呼びました。それから私はずっと、I先生を思い出す時にはこの猫もセットで思い出していました。

先生がいつかのクリスマスプレゼントのことを覚えていたのかどうかはわかりません。でも、綺麗な毛の白猫のぬいぐるみは、私にとってあの頃のことを思い出させるものです。まして子どもの頃のような精神状態で生活していた当時の私には、この子は「スヌーピー」のマンガに出てくるライナスの毛布のようでした。触るだけでホッとできたのです。名前をつけました。

通院検査をしたり、木曽川を散歩したり、内容の難しくないマンガを読んだりしていた私の生活に、猫をなでる習慣が加わりました。

声優に戻れる気がしない

こうして愛知で過ごしている時に、仕事の打診がありました。２０１３年も終わろうとする頃だったと思います。『涼宮ハルヒの憂鬱』の遊技機が出るのだそうです。

収録自体は２０１４年と言われました。「TVシリーズのような続き物ではなく、単発の、1回きりの音声収録なので、やってもらえませんか」とのことです。この時は、本当に迷いました。

「声優に戻れる気が全然しないんです」

マネージャーには、正直にそう打ち明けました。相談を重ねた結果、「『イチかバチか録ってみて、ダメだったら他のキャストに代える』という判断をしてくださるなら」と、先方にお伝えしました。ダメだったら迷惑をかけるだけですが、先方が承諾してくれたおかげで、私は、２０１２年の『ひだまりスケッチ』の抜き収録以来の声優の仕事に携わることになりました。

２０１４年2月、収録日の前日に、私は愛知から上京しました。久しぶりの我が家でしたが、マンションの高層階はどういうわけか怖くなってしまっていて眠れませんでした。「眺めがいい！」と即決した部屋だったのに。

収録当日は自宅まで、代アニ時代の友人が迎えにきてくれました。この友人はタクシーの運転手をしています。収録以外の不安をすべてなくしたかった私にとって、友人タクシーは何よりの移動手段でした。

「無理だよ。できるわけないよ。絶対ガッカリされる。そんでキャスト代えられる。あ、ダメだ。もう帰りたい。おなかいたい。聞いてる？」

と延々と愚痴と弱音を吐きながら移動しました。友人は「はいはい」「はいはい」と相づちをうちながら運転してくれました。吐けば吐くだけ楽になり、スタジオに着く頃には、自宅を出た時より気持ちが明るくなっていました。

キャラクターには絵があるので、そこから発せられる声がそれっぽい音色を持っていれば、観る側はそのキャラクターとして認識してくれます。たとえ私の声が弱々しくなっていても、演技が追いついていなくても、キャラクターが助けてくれる部分がとても大きいのです。

この時の私の演技を単独で聞いた場合、もしかしたら、みくるに聞こえなかったかもしれません。実際、それくらい危ういクオリティのものでした。それでもなんとか、キャストを代えられる判断は免れました。

止まったままの私を、かつて演じていたキャラクターが少しだけ動かしてくれました。

ひとつだけ、一瞬でも東京に行けたら、私にはどうしてもやりたいことがありました。断捨離です。

東京で入院していた時、余命宣告もどきをされた時に、強烈に部屋を片付けたいと思いました。私の手で急いで処分しなければ、と。

使う人がいなくなれば、物には大した意味はなくなる。

それなのに捨てられない物になる。

実家には妹の部屋が、妹がいた時のままにあります。

この一時的な上京はチャンスでした。無事転院できて、近々死ぬようなことはないと言われているのに、この「片付けたい」という思いは、強迫観念のように消えませんでした。

整理途中から取捨選択を考えるのも面倒くさくなり、まるごと捨て始めました。

空き部屋のようになった部屋を見て、

「よし！　これでいつ死んでもいい」

と、もちろんよくはないけど、そんな言葉が口をついて出るくらいにはスッキリしました。

うるさい。うれしい。

　薬が減ったせいもあります。あきらめずに何度も来たせいでもあります。あきらめずと言うか、他に行くところもなかったからしかたなくですが。

　ふと川の流れる音がいつもより強く聞こえた気がしました。完全に感じたわけじゃありません。でもくぐもっていた音が今までよりちょっとクリアになった気がしました。これは……、もうちょっとがんばれば、感覚が戻ってくるかもしれない。それからもずっと、木曽川の河川敷に来ては、寝転んだり、川に入ったり、たまにカルガモや鷺を追い立てたりを繰り返しました。冷たかった冬の川は、だんだん春の色味になり、季節によって、川に来る鳥の種類が変わることを知りました。少しずつ、少しずつゆっくりと感覚が蘇っていった気がします。

　2014年の春、入院からは2年が経とうとしています。暖かさを感じ始めると、あっという間に暑くなりました。夏が来るのです。

　5月の妹の命日が過ぎた頃、ふと、カエルの声が聞こえました。

「ああ、もうそんな季節か」

　夜になるとカエルの鳴き声は、さらにうるさく聞こえました。昔から耳栓がないと眠れないくらいの音量で田んぼのカエルは鳴くのです。実家に帰ってうるさく感じなかったのが嫌でした。でもだんだんうるさくなりました。うれしい。1回聞こえると、コツを掴んだのか、聞こえる瞬間が増えてきました。頻繁に聞こえます。うるさい。うるさい。うれしい。

第 6 章

私は元気です

〰 復帰

私が再び上京するのは、2014年の夏です。新作アニメ『失われた未来を求めて』への出演を打診されました。

当初は、

「いやぁ〜、まっっったくやれる気がしない。どうしよう」

と、後ろ向きでした。入院前からやっていたキャラクターをもう一度やるならともかく、新作で新規のキャラクターを演じるとなると勝手が違います。こんなにうれしいオファーなのに、自分を助けてくれる下地が何もない状況は不安でした。

私は、仕事の報せをくれたマネージャーにはもちろん、社長の森川さんにも正直に話しました。

「オファーはすごくうれしいし、声優の仕事は本当はしたい。ただ、本当にこれっっっぽっちも自信がなく、演じられる気がしないんです。でも、やりたい。私、どうしたらいいんでしょう」

と、マトを射ないままグダグダと話し続けたと思います。我慢強く聞いてもらえました。森川さんは社長であると同時に、同業の先輩でもあります。言葉にしにくいニュアンスも含めて、声優としての本心をダダ漏れに話しやすかったのです。

具体的な解決策よりも、気持ちをわかってもらえたことで、私の心はずいぶん軽くなりました。

「邑子ちゃんが困ったタイミングで、いつでも話を聞く」

の言葉に、いつしか安心しきって
「新作やります」

って言ってしまったくらい。

この作品をきっかけに、私は再び上京しました。とりあえず、アニメの収録期間の3カ月を東京で暮らします。毎週、新幹線で通うわけにはいきませんから。

断捨離済みの部屋は生活用品の何もかもが足りなくて、困りました。でも前に感じた、高層階にいる怖さはなくなっていました。これも薬が減ったからでしょうか。

自動車の教習所にも通い始めました。持病を考慮すると日常的にバイクに乗るのは難しくなります。私は持っていた2台のバイクを手放しました。手放す時に「ああ、もうどこにも自由に行けなくなったな」と、一瞬感慨に耽り、すぐに「いや、車の免許取れや」と己の頬を平手打ちしました。この頃には、気持ちがだいぶ前向きになっていたんだと思います。

アニメ1本から、声優活動の再開。期間限定の上京。ぎこちなくではありますが、普通の生活が始まりました。

ほどなくして歌うイベントの打診が来ました。早くない？

生で歌うイベントは、身体のコンディションも心配事のひとつです。出演すると言っておいて、急きょ体調不良で欠席なんてことになったら大問題。これは早い。さすがにまだ早い。「うん、断ろう。さすがに断りましょう」と事務所で判断した時、「シークレットゲストでなら、どうでしょう？」

と提案されました。シークレットゲストとは、出演者として発表されない出演のしかたです。「後藤さんが、当日、参加できそうなら参加。無理そうなら不参加でも大丈夫です」と。

たしかにその方法だと万が一、体調次第で参加できなくなっても大きな迷惑をかけないですみますし、何より、話題にならずにすみます。それなら、と、オファーを受けることにしました。

２０１４年11月、『ランティス祭り』は仙台で開催されました。

サプライズでステージ上に現れた私は、会場内のどよめきと声援を受けながら「恋のミクル伝説」を歌いました。

このシークレット出演は、誰も想像できなかったぶん、かなりのサプライズになったと聞きました。私にとっても、オファー自体がサプライズでした。

君が好きだと叫びたい

2014年夏からのアニメ、2014年末のイベントを機に、少しずつ東京で生活する基盤を整え始め、新居を決めて、私は2015年の春に再び、本格的に上京しました。

このタイミングしかなかったのかもしれません。

ある日、声優の松来未祐ちゃんからメールが届きました。

私たちは共演作品も多く、2人でラジオをやったこともあります。でも個人的な付き合いはなかったので、なぜ私に連絡をくれたのだろうと思いながら、話しているうちに合点がいきました。私に話しやすかったのでしょう。

「慢性活動性EBウイルス感染症」

彼女が罹ったのは、聞いたことのない病気でした。患者数も少なく解明されていない部分が多い重い病気です。

「会いたい」と言う彼女に「いつでも会いにいけるよ！」と答えて、住所を聞いて驚きました。私たちは隣駅に住んでいました。彼女も最近引っ越してきたそうです。

私たちがこのタイミングで友だちになるのは運命だったんじゃないかな。

会いたいと言われた次の日に会いにいきました。部屋着でスッピンでごめんねって言ってたけど、普段と全然変わらなかった。メイク下手だったのかな？　スッピンは少女のようですごくかわいかった。ああ、こういうこともちゃんと言えばよかったんだよな。

「君が好きだと叫びたい！　てゆうか何度も叫んだ！」

彼女から突然の連絡が来たのが6月末でした。

聞いたことのない病名。一緒に泣きました。

なんで私たちみたいにがんばってる人間に来るんだろうなぁ。病気って本当に平等で嫌だなぁーって。

皮肉だけど私たちを近づけたのは病気です。それから毎日、ラインとやらをしました。暇だから1日1時間くらいしました。おかげで量が半端ない。

「今使わずにいつ使うのだ」

「抗がん剤にそのセリフ使うの日本でここだけやな」

ふざけた応酬。はたから見れば不謹慎なほど病状も治療もネタにして笑いました。

一時退院の時、さびしいと言うのでマンションを訪ねたら、差し入れに持っていったカツサンドとシュークリームを瞬時に食べきり、ポテチとジャガリコどっちがいい？と出して来たスナック類を「私ら男子高校生かよ⁉︎」と言いながら食べました。まだ先は長い。しんどい時もあるだろうけどがんばる以外の選択肢がないならがんばろう。

容態があまりよくないと連絡をもらって病室に行った時、君はでも、しっかりした意識で私を見て何か言ってくれました。

「あ……」って言ってた。いい、いい！　今は無理してしゃべらなくていい！　疲れるから―！って止めた。でも聞けばよかった。なんて言ってくれたの？

それから数日後、君は亡くなりました。私が君と個人的に付き合った期間はとても短い。でもそれがやけに濃くて、しんどくて、愛しくて、整理がつきません。

君のかわいい容姿と、おもしろくて気づかい屋の性格と綺麗な声と突き抜けた演技はこれからもずっと覚えています。

考えてみればすごいことだね。君の声は、大勢の人の記憶の中にずっと残る。自分がいなくなった後の時代を生きる人たちにも届く。

生きた痕跡を残すことが生きる目的だとは思わないけど、お芝居と、人を楽しませることが大好きだった君にとってこれは間違いなく幸せなことでしょう。

夢を叶えて、たくさんの人に愛された君の人生はすばらしいです。さびしいけど、短期間でも君に寄り添えたこと、ちょっとでも支えになれたであろう（?）ことを私は自分の人生の中の自慢のひとつにして生きていくよ。そしてこれからも全力で君を褒めちぎるよ。覚悟しておくがいいよ。

最後に発してくれた言葉は勝手に「ありがとう」か「愛してる」だと解釈して何度も反芻して君を忘れずに歩きます。

松来未祐、君はとても素敵です。ずっと大好きです。

2015年の秋に書いたブログ（一部抜粋）です。

日比谷公園大音楽堂「大槻ケンヂと絶望少女達」のライブにて。真田アサミちゃん（左）と松来未祐ちゃん（右）と私で、エンディングテーマを披露しました。

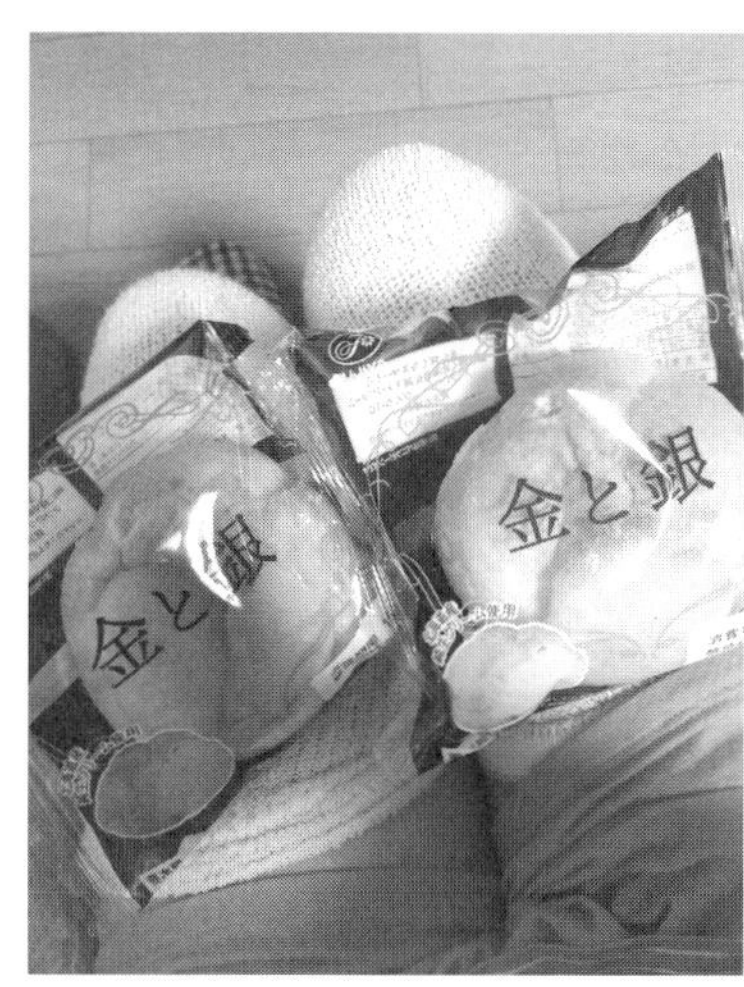

2人で食べたシュークリーム。

彼女との文面に残るやりとりは、今でも笑ってしまうほどコミカルです。最期のやりとりもギャグマンガのよう。

人は終わる時までその人らしさを失わずにいられるんだな。この文面は私の宝物のひとつです。

２０２２年8月に「文春オンライン」に私のインタビューが載った時、すぐに彼女のお父様から優しいメールが届きました。このインタビュー記事を読んでくれたそうです。

２０１５年に私が送ったメールをきっかけに今もお付き合いが続いています。娘を亡くされた親御さんに、余計なお世話だと知りつつ、どうしても声をかけたくなったのです。

オンラインインタビューに載っている写真、和服で一緒に歌っているのは、未祐ちゃんですよってお話をして、また鮮明に彼女を思い出しました。

毎年、彼女の命日に、彼女の好きだったお店に集まって、好物の肉を食べるグループがあります。今年も食べます。

「みんなに忘れられた時がその人の死」だと言うなら、彼女にその日は来ないのでしょう。

やまない雨

「やまない雨はない」って言葉が私は嫌いです。やまない雨はあります。

少なくとも人より多く雨に打たれ続ける人はいる。そういうことを余儀なくされる状況の人はいます。

私が病院で長い時間を過ごし、ソープランドのお姉さんたちと交流があったせいもあるけど、ひねくれているせいもあるけど、この言葉は誰かを慰めるには足りない気がします。

大上段にかまえて無邪気に振り下ろされるような、傲慢さが好きではありません。

もちろん純粋な優しさからの言葉なのでしょう。今まで私にそう言ってくれた何人もの人たちは、きっと心から思いやって言ってくれたんだから、その言葉は好きじゃなくても、そう言ってくれた皆の気持ちは好きです。

私は、雨の中でも、生きていてよかったって思える瞬間が多ければよいなと思います。

そのうち雨に降られていることすら忘れてしまうくらい何かに熱中できたらいい。正解はわからないけど、やまない雨はないと言われるよりずっといい。

なかなかやまない雨の中でタフに明るく過ごした人を私は何人も見ました。その人たちを尊敬しました。

いま闘病中の友人もいます。闘病の末に亡くなった友人もいます。

彼女たちに私はちゃんと優しい言葉を言えていたかな?とよく考えます。

再生させる手術

『ランティス祭り』で歌ってから、「後藤さん、元気になってきたっぽい」と認識してもらえたのか、作品やイベントへの出演依頼が増えました。ブログで「元気です」と書く以上に、実際に元気な姿を見てもらえたのが大きいのだと思います。

歌う、話す、お芝居もするという、なかなかハードな条件でイベントへの出演を打診され、やりますと即答しました。〝ドSラジオ〟(『みならじ』)のもとになった作品等の、癖の強い出演者たちが一堂に集まるステージです。ややSキャラに偏ったキャスト陣は、復帰間もない私をステージ上で容赦なくいじり倒してきましたが、ステージを降りて楽屋へ移動する時は、「脚が痛い」と言う私を抱えて歩いてくれました。

「ステージ上では元気な姿を見せたい。観にきてくれた客席の皆を心配させたくない」

と思う私の気持ちを、言わなくてもわかってくれるメンバーだからこそのバランスです。この安定感と安心感。これがあったから、私は出演を即答できました。

照れるから口に出しては言わないけど（言えや）ありがとう。あなたたちがじつは優しいのを知っています。頼りにしています。


そうして２０１６年も終わろうとする頃、ステロイドの副作用、大腿骨頭壊死が出ました。ステロイド大量投与後には少なくない可能性で起こるものです。ずっと感じていた脚の痛みはやっぱりそうだったんだなと、納得しました。

いろんな本で読んだから、骨頭壊死に対する治療は、痛み止めメインの温存療法と、人工関節に置き換える手術しかないと知っています。

なるべく早く手術したいと勇んだ、そんな折、ある大学病院で大腿骨頭再生医療の治験患者を募集していると教えてもらいました。

かつてソープ嬢のあかりさんが言ったように「身体は借り物」、道具です。故障を直すため切り貼りするのに抵抗はありません。でも、「新しい方法が出てきたのか！」。

このタイミングで、この治験の情報は魅力的でした。再生という言葉がいい。その可能性があるなら賭けたい。ダメだったら切ればいい。おまけに症例として、未来の治療の役に立つなら光栄です。

　きっとM先生もこれは賛成するなと直感で思いました。いなくなってからも先生は私の指針として存在して、たびたび背中を押します。

　骨に細く長い穴を開けて通路を作り、再生因子を注入する低侵襲（身体へのダメージを少なく行う）の手術です。ＭＲＩを撮ったら私の骨は治験を受けられるギリギリアウトくらいの状態でしたが、体重が軽かったことが幸いし治験対象として合格しました。おばあちゃんのような身体になっていて唯一よかったことがこれ。

　手術を無事に終えると、翌日からリハビリが始まりました。もう少し日数が経ってからやると思っていたのですが、「勇気出せばいけるよ」的な軽いノリで言われ、「痛い痛い痛い痛い！」と叫びながら歩きました。今回はより壊死が大きかった側だけの手術です。つい逆側の脚に頼って進もうとすると、「それじゃ意味ないですよ、はい、手術した側の脚も使って、はいっ！　勇気っ！」なんだこの根性論、部活みたい。

　この、愛のある〝熱血指導〟のおかげで、術後数日で歩行器もなく自力でスタスタ歩けるようになりました。時間差で、もう片側も手術をうけますが、今では手術をしたとは思われないほど私の歩くスピードは速いです。年に1回ずつ検査を受けていま

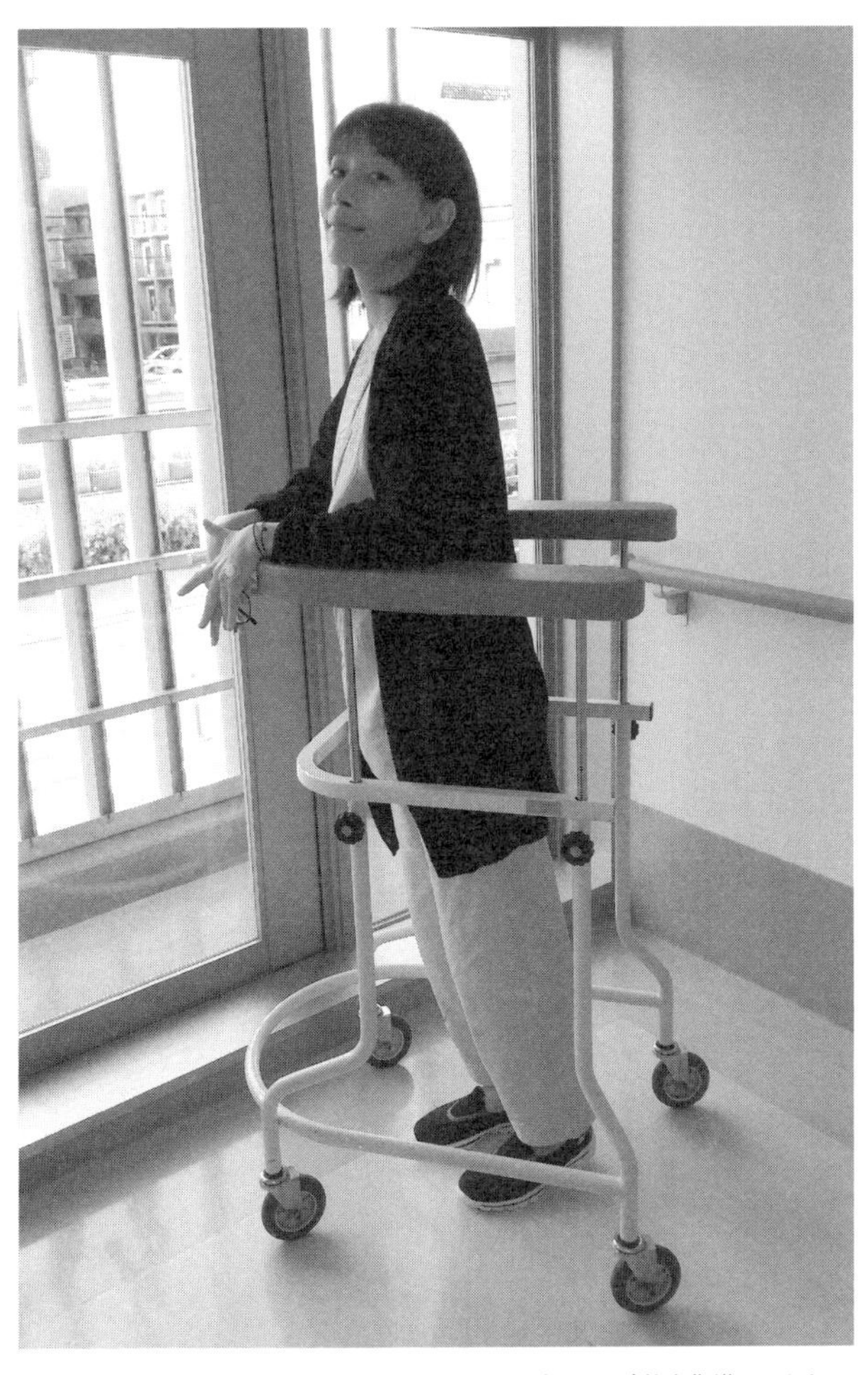

手術翌日からリハビリが始まった骨頭壊死の治験。愛のある〝熱血指導〟でした。

す。温存する、切る、だけでなく、再生させる、という選択肢が増えるのはうれしいことです。この治験は今、第三相という最終段階に入っているそうです。

リハビリのときに教わった筋トレは、退院してからも続けています。軽い体重のおかげで受けられた治験の手術の後に私はだいぶ体重が増えていますが、主治医に注意されていないから大丈夫でしょう。しかもたぶんこれ、筋肉の重さだしね。たぶん。

また一緒に

新規の作品も受けるようになりました。スケジュールはもちろん、無理はしません。病気のこと、働き方、すべてを事務所と話せたので、「働くのは週に3日」を徹底しています。社会人としてはセミリタイヤみたいなスケジュールですが、私に向いています。

身体に負担をかけずに働けるスケジュールを物足りなく感じたこともありました。でも欲張りすぎてクオリティを落としたくない。私にキャラクターを任せてくれるなら、その期待を裏切らないものを返したいのです。そのためにはまず自分の調子を整えておきたいから無理はしない。私のワークライフバランスです。

そうして少しずつ出演を重ねて、まったくなくなっていた声優としての、演じる自信を、少しずつ積み重ねていきました。

2016年にアニメ『小林さんちのメイドラゴン』に呼ばれました。正統派のかわいらしい中学生役でキャスティングされたことは、まだ自信は足りていないけど純粋にうれしかったです。武本康弘監督は

「また一緒にお仕事したいと思ってたんです」

と言ってくれました。『ハルヒ』や『らき☆すた』でお世話になった人とのうれしい再会、うれしい言葉でした。

この作品は2021年に、石原立也監督の手でセカンドシーズン『小林さんちのメイドラゴンS』も作られました。私も、ファーストシーズンよりも元気になった声で参加しました。今後も変わらず愛されていく作品と出会えました。

アニサマ2017

2017年の春先、『Animelo Summer Live（アニサマ）』への出演をオファーされました。2006年に日本武道館でアニサマのステージに立ってから11年、再び私た

ち「SOS団」の3人で「ハレ晴レユカイ」のパフォーマンスをしてほしいとのことです。

「後藤さんのできる範囲で」と言われ、私はすぐにオッケーを出しました。その時点で杖をついて歩いていたにもかかわらず。「大丈夫」という姿を、皆に見せたかったのでしょう。

「生きていてくれてよかった」

練習日に、久しぶりに会えた平野綾ちゃんと茅原実里ちゃんが言ってくれた言葉です。

昔から2人の言葉や想いは、わりといつもまっすぐです。このまっすぐさにつられて、なんなら巻き込まれて、私はずっと、実力以上にがんばれていた気もします。振り付けの練習より久しぶりに集まれたことがうれしく、途中で各々のマネージャーが帰ったくらい、練習後のおしゃべりは続きました。

そうこうしているうちに、あっという間に8月25日、アニサマ本番です。

出番直前にステージ裏に移動する時、

「邑子ちゃん、幸せすぎて泣きそう！　帰ってきてくれてありがとう！」

「邑子さん、痛くなったら無理しないで！　私が絶対助けるから！」

と2人に言われました。

出会った当時、私は、自分にないものをたくさん持っているけどまだ幼い彼女たちをフォローしなきゃと、おこがましくも思っていたわけですが、今や立場は逆です。うれしいやら頼もしいやら。

「これは絶対にいいステージになる」

と確信を持ってステージの底に潜りました。

アニサマ開演の号令を聞いて、横並びの私たちは目を合わせて頷いて、ポップアップの台に乗り、イントロが流れるなか、11年前のアニサマの時と同じように舞台下から登場しました。

会場の皆にとって、私たちの登場は「まさか」だったのでしょう。

私たちが舞台上に現れた時、一瞬のどよめき、からの悲鳴、が大歓声に変わりました。会場のみんなが全力で迎えてくれているのがステージ上からもわかります。

舞台裏では『ハルヒ』を作ったスタッフの皆も泣いていたと聞きました。たくさん

第 6 章

私は元気です

のライトが激しく揺れるのがとても綺麗で言葉になりません。

こんな日が来るなんて、本当に思わなかったのです。

大げさに聞こえるかもしれませんが、私にとっては、望んだ奇跡、以上だったのです。

この機会をくれた皆さんに、作品に、心から感謝します。そして、平野綾ちゃん、茅原実里ちゃん、一緒にいたのがあなたたちで本当によかったです。

「ただいま」を言えた気がしました。

SOS団5人集結

アニサマに出た後は、歌って踊るライブイベントの依頼も多くなり、私も迷わず受けました。脚の手術もしていたのですが不安はありませんでした。失敗を恐れる気持ちが薄くなった気がします。人に弱みを見せるのが平気になったというか、無駄に肩ひじを張らなくなったというか。さんざん弱みを見られ続けて慣れたのかもしれません。

2019年には再びランティス祭りに「SOS団」として登場しました。この時

各々のキャラクターに寄せた衣装を提案されました。それ私が一番大ケガするやつじゃん。でももう一緒に並べるだけでうれしいからいい。
茅原実里ちゃん(左)、平野綾ちゃん(中央)と私。

2019年にはランティス祭りに5人揃って登場しました。このメンバーには、ありがとうしかないです。

はＳＯＳ団の5人揃っての出演です。

「邑子さん！」「邑子ちゃん！」「姐さん！」「トゥーザ様！」

懐かしく揃ったメンバー４人からの呼びかけに胸がいっぱいになりました。いま気づいたけど私の呼び方、全員違うんですね。どれが誰かはご想像にお任せします。なんで自分がつけたあだ名を略すんだよ。

全員での「ハレ晴レユカイ」には会場も大いに盛り上がってくれました。

とっくに歌って踊る年齢（非公開）ではないのに、こうして皆が揃うと一緒にやりたくなっちゃう自分の性格に、今も手を焼いています。

謝謝

２０１９年8月、中国、武漢でのトークイベントに招待された時も、私はすぐに参加を決めました。かつて自分の演じたキャラクターたちが今もずっと愛されていると聞かされて。かつ、新しい出演作、日中合作のゲーム『Christmas Tina –泡沫冬景–』も特集されるので宣伝を兼ねてと言われて。かつ、武漢って、赤壁とか黄鶴楼のあるとこじゃん！という我欲に背中を押されて。実際、宿泊したホテルが長江沿いだったんです。部屋の大きな窓から長江が一望できるなんてすごいロマン！　街がとびきり発展していて、長江の両岸に建ち並んだ高層ビルのきらびやかなネオンが刻々と色を変える様子はテーマパークのようでした。あれ、長江、思てたんと違うな。でもかっこいいからいいか。「これ、長江！」と日本の中国史好きの友人たちに写真を送りつけたら微妙な反応でした。「長江の面影がない！」と言われましたが、おまえ長江見たことないだろう⁉　どうやら歴史好きには近代化がすぎたようです。

黄鶴楼にも汗だくで登ってきましたよ。街はすっかり変わっているのに呉を感じます。黄鶴楼の写真は皆にとても好評でした。

さて、トークイベント本番。私は、前々からちょっとくらい中国語で挨拶したいと思っていました。大学では第二外国語で中国語を選択していましたし、発音には自信があったのです。言葉は残念ながら「明日、皆でプールに行こうぜ」という、たぶん一生使わないやつしか覚えていませんが。なんでこれ覚えちゃったんだ、私。

舞台袖でコーディネーターさんにカンペを用意してもらい、念願の中国語での挨拶は叶いました。満足。しかし、私の挨拶に対して会場中から、スムーズな日本語の挨拶、声援が返ってきてびっくり。日本のアニメやゲームが好きな人たちがどれほど日本語が堪能になるのかを目の当たりにしました。試しに

「おまえはすでにー？」

と呼びかけると
「死んでいるー！」

と返ってくるのです。知識も完璧。あと私の台詞のチョイスおかしい。

余談ですが、この武漢イベントに参加するために、やっと期限が切れたパスポートを新調しました。新しいパスポートの写真はノーメイクで髪も梳かさずに撮ってやりましたよ。

写りのよいパスポート写真に合わせてがんばってメイクして飛行機に乗るより、パスポート写真のレベルを普段に寄せて落とすほうが断然楽だという、逆転の発想です。努力放棄。これが、大人ってやつです。どや。

コロナ禍の平常心

2019年のアニメ『なんでここに先生が⁉』が、キャスト全員が集合して収録したコロナ流行前の最後の作品になりました。かわいくてドジでおっとりした松風真由役を演じてウキウキしていた私は、同業者たちに「後藤ちゃん、まだこの系統の

想像以上に堪能な日本語での会場レスポンス。
「おまえはすでにー？」
「死んでいるー！」

キャラやれてるんだ！」と驚かれ、「萌えキャラ界隈のオーバーエイジ枠」と称されました。たぶん褒められています。

その後、２０２０年にコロナが流行し、私たちの業界では、しばらく制作が止まりました。

世の中の大半がそうだったように、エンターテインメント業界もかなりの打撃を受けました。

しばらくしてワクチンが行き渡ってから、再び動き出すのですが、アニメは少人数に分散されての収録が主流になりました。が、なかでも私は特別、ＶＩＰ扱い。毎回、ひとりきりの抜き収録でした。事務所も私に関しては万全を期してくれましたし、制作側もとても用心してくれているようでした。

その頃、私は主にゲーム作品の収録をしました。ゲームはもともとひとりきりでの収録なので、キャストが入れ替わる際に30分程度のインターバルを設け、除菌と換気を徹底したうえで通常どおりの収録を続けることができました。

私たちにとっては収録があることが何よりありがたいことです。でも共演者の誰にも会えないのも、なじみのスタッフに会えても会話もそこそこにすぐ退散しなければいけないのも、贅沢を言えばやっぱり切なかったです。

ラジオに関しては、私だけ自宅からのリモート収録になりました。プロ仕様のマイク、ヘッドホン、マイクを守るポップアップガード、ノイズを減らすための緩衝材等、揃えられるものはすべて揃えて、自宅の一室が小さなスタジオのようになりました。収録のクオリティにまったく関係しない、顔を照らすリングライト照明を買ったのは乙女心です。

自己免疫疾患の患者が、悪化しやすい、かかりやすいといった報告はないそうです。でも詳細が不明だから、用心してほしいとだけは主治医から言われていました。ワクチン接種のハガキは高齢者の次に発送されてきました。

日々の生活が一変し、まわりの皆がザワついているなか、私は、でも、のほほんとしていました。そもそも、たいていのことを〝小さなこと〟と思ってしまうフシもあります。

数年前、世間が動いているのに自分ひとりが病棟で止まっていた時、私はひどく不安でさびしかったです。でも今回は世間も自分も一緒に止まっている。そう思うと、あの時のような動揺がなかったのです。止まることに対しての耐性もできていたのでしょう。

暮らしていけるだけの収入があったのも、もう高額の入院費を支払う必要がないのも「ああ、よかった。ラッキー」と思えてしまう。

取ったばかりの免許で、買ったばかりの車で、「どこにでも行ける」という自信もありました。人より脆弱なのに、これくらいのささやかな自信で、物事を明るく捉えられるのは長所かもしれません。世の中の私よりずっと強者たちがうろたえるなか、平常心の私がいました。

ただ、ひとつだけ、人恋しい気持ちだけは膨らみました。この時に私のネットスキルは伸びました。繋がりたい！と強く思わなければソーシャル・ネットワークに疎いままだったでしょう。

久しぶりの「共演」

2022年6月に放送された『名探偵コナン』第1047話、1048話で、私は初めて、少人数収録の現場に参加しました。業界は少しずつ普段の雰囲気が戻りつつありました。私も打てるだけワクチンを打っていましたし、このタイミングでのオファーは私にとっても大歓迎です。『コナン』に出演するのは3回目でしたが、今までと違って、出演者たちが数人ずつ別スタジオに分かれて入る特殊な収録環境でした。それでも久しぶりの「共演」は楽しかったです。特に共犯者同士、もしくは敵同士はお互いの呼吸が分かって、それに合わせたりズラしたり、アドリブを入れたり受けたりするのがおもしろいです。事前に演技プランを練っていても、いざ、お芝居が始まると相手の演技に影響されて自分の演技が変わります。その自分の演技を受けて、相手も変わってくる。お互いに作用し合うんですね。そんなリアルタイムのやり取りは、やっぱりすごく楽しい。

私は自分が思っていたよりずっとさびしがり屋でした。人としても、声優としても。

遺言

こんなに長く続くとは思わなかったコロナ禍で、大好きな叔母を見送りました。帰省できなかった期間に叔母は病気を患いました。会っていればわかったのに、叔母は病状を私に知らせず、私たちはいつもどおりのお茶目なメールのやりとりを続けていました。最後のやりとりのメールは改行がおかしかったり誤字が多かったので、老眼が進んだのかなと特に気に留めませんでした。……が、従兄弟からの「もう黙ってられない」の電話で叔母が危篤状態だったことを知りました。私に知らせないというのは、叔母と、うちの両親と、従兄弟の中での決め事でした。免疫抑制している私を案じてのことです。叔母は「邑ちゃんが心配して帰ってこないように」とメールで元気なふりを続けてくれていました。

従兄弟の電話を受けてすぐ、東京から愛知まで高速を飛ばし、最速記録を更新して帰省しました。

嘘つくから、コロナどころか交通事故起こしそうな勢いで帰ってきたやんか。叔母はもう口をきけない状態でした。でも目はしっかり合いました。耳は一番最後まで機能しているそうです。一方的にたくさん話しました。漏れがないように。叔母が願っていたように、私が作った後藤家のお墓に入れるよ、と約束しました。

私は遺言を書いてあります。

亡くなった人を悲しく恋しく思うことは幸せなことです。きっとそうです。でも、後悔することは辛いことです。

「もっとしてあげられたことがたくさんあったのに」「本人は助けてほしかっただろうに」と、思い続けることは辛い。否定してくれる本人はいないから。

実際はそうでなかったかもしれないのに。本当は、本人もある程度満足して人生を終えたのかもしれないのに。

だから私は、自分を失った人たちに、無駄な後悔はさせないために遺言を書きました。

大まかに「どんな終わり方だったとしても別に大丈夫ですよ。てゆうかもう、ほんと十分でしたよ。想像以上に長くて楽しい、十分な人生でしたよ」みたいなことが書いてあります。願わくば、読んでちょっと笑ってもらえるくらいのメッセージを遺しました。

ただ、若くして先立つ設定で書かれているので、内容はそろそろ更新しなきゃなぁとも思っています。なんだか私、普通に長生きしそうだし。

本番

2023年は、かわいらしいドジっ子の15歳キャラクター（『ブルーアーカイブ』霞沢ミユ）と、天然ボケのおっとりお母さん（『実は俺、最強でした?』ナタリア・ゼンフィス）を演じてスタートしました。今も少女役のオファーがあること自体が純粋にうれしいです。気持ちも潤います。

苦手意識の消えなかったお母さん役に関しても緊張しすぎることはなくなりました。自分に欠けている母性を、むしろお母さんを演じることで手に入れられたらと思っています。

毎週更新と不定期更新のネットラジオも続いています。聞いてくれている人たちと、間接的にでもやりとりができるラジオという媒体はやっぱり楽しいです。

今週は、『コードギアス』のアーニャと『ハルヒ』のみくるの収録があります。定期的に収録があるキャラクターたちがいると、「声と心を保たねば！」という意識が持てます。これは、すごく重要なことだと最近感じています。

新しい分野に挑戦すること、進むことは大事だけど、保つことは同じくらい大事です。かつ、より難しいです。

２０２３年に入って、20年ぶりに演じたキャラクターもいます。

20年！

「後藤さんは声が変わっていないから」とかつて演じた高校1年生の元気で健気なヒロイン役をオファーされました。いや変わっていますよ。20年前にコンディションも気にせず乱暴に喉を使って演じられたキャラクターを今演じるためには、声帯とか、考えて丁寧に動かさなきゃいけないところがいっぱいです。アスリートの感覚にも近い収録。でもそれに、すごく心弾むのも事実です。

家で練習しているだけではどうしても足りません。「本番」が必要です。その本番は、望めば手に入るものではない。誰かが自分を必要としてくれないと得られない場です。難儀ですね。でもそういう世界に望んで来てしまったわけですからね。

今の目標は、しいて挙げるようなものはないですが、求められる限り、声優でいるってこと。

シンプルだけど、難しいことです。楽しいことでもあります。

いま

これまでも、そしてこれからも、私の人生は「病気ありき」です。やっぱり病気のせいでいろいろ制限されるのは嫌なことです。でも、何か嫌なことがあった時、それが「変えられること」なら変える努力をすればいいけど、「変えられないこと」なら受け入れたほうが早い。考えてもしかたないなら、そこに時間を使わない。時間は有限です。

私は、病人だからって、なにも病人らしく生きる必要はないと思っています。それは自分で選んでいいことです。機械だってなんだって調子悪くなったら故障を直して、本当に動かなくなるまで動かすでしょう。自分だってそうです。人間の身体もなるべく不自由なく生きるために、治療したり手術したりして最期の時まで動かす、シンプルです。

この身体が「借り物」なら、いつか返すまで、存分に使えばいいと思うんです。

病気じゃなければ、私は全然違う人生を生きていたと思います。学生時代、「時間に限りがある」なんて意識しなければ、あんなに必死になることもありませんでした。「やりたいことを何もしないまま人生が終わってしまう」という焦燥感が、いつも私を追い立てて突き動かしていたから無謀な方向にも進めました。それがなければ声優を目指すこともなかったんです。

病気になってよかったって言うと、変だし、強がりみたいだけど、病気がなければこの人生を送っていないなって思うと、もはや「よかった」って言葉しか出てこないんです。

「病気がなければ、きっと私は今ここにいない」

2022年、誕生日に「文春オンライン」で公開されたインタビュー記事での1枚。「やたらと写真写りがよい！」と言われてご満悦の、今の私です。

そう考えると、病気自体は少しも喜ばしいものじゃないけど、この病気はマイナスよりもプラスを私に多く与えたのかもしれません。

「あんなに大量に仕事をしていなかったら倒れることもなかったんじゃないの？」とは、よく言われます。でも、もう一度あの場に戻ったとしても、私は同じことをやっちゃうだろうな、と思います。「どの作品を断ろうか？」「どのキャラを断ろうか？」と考えたときに、「どの子も無理！」「全部やりたい！」って思っちゃうんだから、ほんとしかたない、私。

あの全力の年月がなければ倒れることもなかったけど、今の私もありません。あの頃に演じたキャラクターを今でも演じる機会があったり、キャラクターを好きでいてくれた人たちが、今も私のお芝居を聞きたいと待っていてくれたりする。あの頃出会った大勢のキャラクターが、今も私を前に進めてくれているような感覚があります。

今、どこも痛くなくて、苦しくもなくて、好きなお芝居がやれていて、「私って本当にラッキーだな」って思います。

終章　あとがき

「文春オンライン」インタビューの打診に事務所がざわつきました。身に覚えはないです。後ろ暗いことは何も。悲しいくらいにドラマも事件もロマンもないんだから大丈夫。うん、大丈夫なはず。でも辞退させていただきます。目立ちたくないので。

そう事務所に伝えてお断りさせていただいたのが文春さんとの最初の出会いでした。実際には出会えてもいないのですが。

それから3年が経ち、今回の取材が始まりました。

「ですよね、最初は身がまえますよね」そんな穏やかな取材の始まり。

「足かけ3年のインタビュー企画です」

記者の方たちの優しい笑顔が印象的でした。待っていただけることなんてないと思っていましたが、折に触れ、「後藤さんのお気持ちは変わりませんか？」と連絡をいただきました。

3年って長いです。世間が私に注目している時も、特にそうでもない時も変わらず打診してくれた姿勢に心を動かされました。三顧の礼じゃないですが、こんな面倒くさいタイプの声優を待ってくれてありがとうございます。

そのオンラインインタビューを読んでくれた方たちのおかげで本にしてくれる方たちに出会い、その本がこうしてあなたの手元に届き、ここまで読んでくれている、こんなにうれしいことはありません。私の人生に起こりえなかったことが、またひとつ起こりました。

いまいち得体の知れない人間の、けして褒められたものではない半生を読んでいただき、ありがとうございます。

この本が、あなたにとって、癒やし、息抜き、もしくはカンフル剤、もしくは反面教師になったら幸いです。

病める時も、健やかなる時も、あなたが笑えますように、と願いつつ。

読んでいただき、ありがとうございました。

昭和のわがまま女優とその取り巻き……ではなく、この本を作ったメンバーです。ありがとうございました！

私は元気です

病める時も健やかなる時も腐る時も
イキる時も泣いた時も病める時も。

2023年9月10日　第1刷発行

著　者　　後藤邑子

発行者　　大松芳男
発行所　　株式会社文藝春秋
　　　　　東京都千代田区紀尾井町3-23
　　　　　〒102-8008
　　　　　電話　03-3265-1211（代表）
印刷・製本　大日本印刷株式会社

定価はカバーに表示してあります。
万一、落丁乱丁の場合は送料当社負担でお取替えいたします。小社製作部宛お送り下さい。

ISBN 978-4-16-391738-2　Printed in Japan